民主簡史

THE SHORTEST ★ HISTORY OF DEMOCRACY

寫給我們這個世代的公民之書

John Keane

約翰·基恩——著　翁尚均——譯

民主性質	年代	事件
	1820年代	• 多黨競爭的選舉 • 獨裁將軍（caudillos）在西班牙殖民美洲崛起
	1830—1835	• 亞歷克西斯．德．托克維爾出版《美國民主》上下兩卷
	1835—1840	• 無記名投票制的誕生
	1890年代	• 紐西蘭、南澳大利亞、科羅拉多州、猶他州、愛達荷州以及加拿大部分地區的婦女獲得投票權 
	1900	• 烏拉圭成為早期的福利國家
	1920—1939	• 紫色暴政、軍事獨裁和極權主義破壞選舉式民主 • 第二次世界大戰開始
監督式民主時代	1945	• 聯合國成立 • 萊因霍爾德．尼布爾出版《光明之子與黑暗之子》
	1948	• 通過《世界人權宣言》
	1950年代	• 一九五〇年一月二十六日，印度頒布《憲法》 • 一九五一年十月至一九五二年二月，印度舉行第一屆大選
	1960年代	• 民權網路、靜坐抗議和宣講會 • 重新出現女權主義、同性戀權利、殘障人士權利以及其他社會運動
	1972	• 第一個綠色政黨在澳大利亞和紐西蘭成立
	1974	• 葡萄牙的康乃馨革命 
	1989	• 中歐與東歐的天鵝絨革命 • 蘇聯解體
	1990年代	• 一九九〇年二月十一日，納爾遜．曼德拉獲釋 • 一九九四年四月二十七日，種族隔離結束 • 全球歡慶自由民主的勝利 
	2000年代	• 巴西、義大利、波蘭、墨西哥等國，民粹主義捲土重來 • 因為中國、俄羅斯、土耳其和沙烏地阿拉伯，新專制政權的力量在全球擴大
	2020	• 冠狀病毒大流行 • 瑞典V-Dem研究所指出，全球對民主的支持度正在下降

民主進程大事紀年表

民主性質	年代	事件
集會式民主時代	西元前2500年	• 敘利亞－美索不達米亞最早的民眾集會
	西元前1500年	• 以集會為基礎的共和國興起於印度大陸
	西元前1450年	• 邁錫尼人的線性B文字，dāmos和dāmokoi出現
	西元前1100年	• 民眾集會開始在腓尼基發展
	西元前650—600年	• 希臘集會開始蓬勃發展
	西元前507年	• 雅典開始向民主過渡
	西元前460—370年	• 「開懷的民主派」德謨克利特
	西元前336年	• 民主女神戴模克拉蒂亞出現在以大理石雕刻的雅典律碑上
	西元前260年	• 馬其頓軍隊粉碎了雅典民主
選舉式民主時代	600	• 伊斯蘭教誕生 • 代表他人處理法律、商業和宗教事務的「瓦基爾」習俗出現
	930	• 法羅群島和冰島的集會
	1188	• 西班牙北部出現最早的議會
	1215	• 簽署《大憲章》
	1414—1418	• 康士坦斯大公會議，由主教選出教皇
	1600	• 神聖契約（The Divine Covenants） • 蘇格蘭反抗暴政
	1644	• 約翰・密爾頓出版《論出版自由》 • 捍衛新聞自由
	1649	• 公開處決查理一世 • 英國的共和政府時期
	1765	• 阿爾讓松侯爵以代議形式定義「真正的」民主
	1776	• 美國發表《獨立宣言》 • 自治共和國的誕生
	1789	• 法國大革命 • 處決路易十六
	1791	• 托馬斯・潘恩的暢銷書《人權》出版

目錄

Part II 選舉式民主

Part III

監督式民主

前言

今天，全球數以百萬計的公民都在問一個非常重要的問題：一直以來，民主都是全球公認最優秀的統治手段和生活方式，但如今民主被批評為「逐漸退步」，甚至瀕臨滅絕，這之中究竟發生了什麼？人們的疑惑並非沒有道理。

三十年前，民主似乎備受期待。人民的力量變得相當重要，公眾對獨裁統治的抵抗改變了世界。各國軍政府垮台，實行種族隔離的政權也被推翻了。從天鵝絨革命（Velvet Revolution），到鬱金香革命（Tulip Revolution）*、玫瑰革命（Rose Revolution）**和橘色革命（Orange Revolution）***，政治鼠輩遭逮捕、受到審判，隨後被槍決或在拘留期間去世。

現在情況不同往日。在白俄羅斯、玻利維亞、緬甸和香港等地，普通老百姓成了被逮捕、監禁、毆打和處決的受害者。在某些地方，支持民主的人似乎處於不利地位，這個異常混亂的時代讓人感到苦惱。因為社會不平等的加劇、公民的不滿，以及政府機關的貪腐和淡漠，印度、美國、英國、南非和巴西等大國正趨於崩壞。世人開始：擔心支持煽動者的憤怒群眾會破壞民主，或者被監控資本主義（surveillance capitalism）、疫情、中國的崛起和普丁等專制政治人物所踐踏。這些專制的政治人物嘴上說著民主，但他們絲毫不在乎民主的實質。與此同時，對此觀點抱持著自滿和懷疑的人也不斷增加：他們認為，關於民主病入膏肓的言論都是大驚小怪，現在只是一段過渡時期，不需要以偏激的言語來描述這些政治清算和結構上的調整。

受到這些棘手問題和疑惑的啟發，本書設法提出一個簡潔的答案：儘管所有民主國家確實面臨著一九三〇年代以來最嚴重的危機，但絕不會重演那段黑暗的戰爭

* 又稱第一次吉爾吉斯革命。二〇〇五年二月二十七日和三月十三日的議會選舉之後，吉爾吉斯共和國總統阿斯卡·阿卡耶夫及其政府倒台，結束阿卡耶夫家族和親信日漸腐敗、獨裁的統治。

** 二〇〇三年十一月，反對當時喬治亞總統謝瓦爾德納澤及其政府的示威活動。反對黨領袖每次公開露面時，都會手執一枝玫瑰，因此被稱為玫瑰革命。總統謝瓦爾德納澤最終辭職。

*** 二〇〇四年至二〇〇五年間，因為烏克蘭總統大選過程嚴重舞弊，導致全國出現一連串的抗議事件。

時期。強大的經濟和地緣政治力量再次超越民主的精神和本質，二〇二〇年席捲全球的疫情又讓這個情況雪上加霜，就像上個世紀流行性感冒大肆流行的局面一樣。「老百姓一文不值，民主只是富人的外衣。」這句老話多少算是正確的，對認清現實的公民施壓和監視的情形依然普遍。隨著美國逐漸走下坡，重新崛起後自信滿滿的中國、解體後的蘇聯與專制的阿拉伯政權引發了無盡混亂，因此我們這個時代面臨著不曾緩解的動盪，總是感到不安且迷惘。時代已經和以前不一樣了。

◈民主的歷史給現代帶來希望

若想了解我們這個時代是多麼獨特，就要先認真回顧過去。思考民主在二十一世紀的命運，回顧過往不僅能帶來幫助，甚至至關重要，但這是為什麼呢？最主要的原因是歷史非常重要，如果對歷史一無所知，勢必會誤解現在的情況，也會失去衡量的標準。謹記歷史，能讓我們更有智慧，也能更深入地理解當今民主國家所面臨的新考驗和麻煩。

本書希望能激起世人對民主的好奇。這不是「為了歷史而歷史」，絕對不是硬

要與老掉牙的東西重逢，反而更像是一趟充滿驚喜的奧德賽冒險之旅，揭開民主的誕生、民主的成熟和民主的困境。本書回顧了形塑民主的連續性長期發展、漸進變化、混亂時刻以及突發的動盪瞬間，並關注過去民主遭受毀滅性災難或打壓時所承擔的衝擊和挫折。本書會設法解開一些問題，例如為什麼民主通常被描寫成女性化的形象？同時激發一些讓人驚喜的觀點，並試圖撼動一些正統觀念。

歷史有時很調皮。本書不想重複「民主誕生於雅典」這種陳腔濫調，或是再提「早期伊斯蘭世界對民主精神和民主制度毫無貢獻」的偏見。我之所以想要撰寫本書，是因為無法接受政治學家塞繆爾・P・杭廷頓（Samuel P. Huntington）具有影響力但有失公允的主張：「我們這個世代最重要的進展是『第三波』美國式自由民主，由一九七〇年代初期發生於南歐的事件觸發而生。」本書想要清楚表明，民主不僅僅是杭廷頓所說的定期舉辦的「自由公平」選舉。除此之外，一九四五年之後誕生的新型「監督式民主」（monitory democracy）其實非常重要，時至今日依然如此。

讀者不會在書中看到令人沮喪的悲劇故事。講到民主的建構時，本書不會以全知者的角度硬是警告「只要涉及民主，通常結局都很糟糕」，因為這等於變相支持懷疑論者和專制政治人物的心態。本書的立場與法國著名古典學者妮可・洛羅

（Nicole Loraux）一致：「民主的歷史主要由民主的敵人記錄，例如古希臘歷史學家和軍事專家修昔底德（Thucydides），和佛羅倫斯外交官兼政治作家尼科洛・馬基維利（Niccolò Machiavelli）。」本書站在民主的一方，我們會努力摒棄幻想和偏見，並防範歷史落入被人玩弄的詭計，民主不需要去操控人們的記憶。我不敢自詡對過去的一切瞭如指掌，也不覺得自己有資格為民主寫下最後的論斷。本書也不敢預言民主在風風雨雨之後會好轉還是會愈變愈壞，既不會抱持愚蠢的樂觀，也不會陷入果斷的悲觀，而是承載著希望。

本書竭誠地為民主辯護，這股力量的源頭就是對民主鬥士的追憶，其靈感來自許多已經遭到遺忘的人物，這些來自遙遠過去的人們為民主而吃、而喝、而笑、而嘆、而哭、而死。他們啟迪人心的言行提醒我們，如果能透徹地理解民主，它會是最有力的武器，防止人們惡意濫用權力。本書探討一些古老民主制度和理念的源頭，還有民主在當代的合宜性，例如雅典集會論政制、婦女、工人和解放奴隸的投票權、無記名投票、陪審制，以及代議制議會。如果對政黨、定期選舉、公民投票、獨立司法機構、真相調查委員會、公民社會和公民自由（例如新聞自由）感到好奇，本書也能夠解答你的疑惑。如果想探究多變且經常引發激辯的民主，本書同樣

二〇二〇年十一月美國大選前夕，美國亞裔藝術家阿曼達·平菩提帕奇亞（Amanda Phingbodhipakkiya）與公民倡導組織「動起來」（MoveOn）合作繪製海報，目的在於打擊不實訊息並且鼓勵幻想破滅的公民投票，同時「為自己能繼續保有這種權利而戰」。

不會讓你失望。民主究竟是好是壞？為什麼大家提出的理論彼此矛盾、難以達成一致？為什麼民主提供世人不少幹蠢事的機會，然後又讓人們改變主意？如果想要了解上述問題，本書也能幫上忙。還有，想在任何選舉造勢派對說出應景的笑話，也歡迎你閱讀本書。

希特勒的宣傳部部長約瑟夫·戈培爾（Joseph Goebbels）曾說過，所有關於民主的笑話中，最有趣的是「民主授予工具給它的敵人，讓對方來摧毀自己」。不妨說，民主讓它的反對者有機可趁，人們因此遺忘了關於民主的所有記憶。且讓我們牢記這個法西斯冷笑話。回顧過去，民主國家的發展之路總是走得跌跌撞撞，偶爾摔倒在地，有時甚至再也站不起來。本書是一個警世寓言，並提出尖銳的主張：歷史並非站在民主的敵方。本書不是墓誌銘，不是在文章和注釋中記敘著民主毀滅的悲慘故事。我擅自改寫十八世紀智者伏爾泰（Voltaire）的名言，本書不是「樓上的緞鞋」，也不是「樓下的木屐」*。本書不是一連串的恐怖事件，而是要證明「歷史可以為弱者辯護」。歷史不是訃聞，而是一種激勵，歷史讓我們理解，經歷萬難方能建立的民主居然能如此輕易地毀於敵人之手，或是因為大意或怠惰而崩壞。

◆民主反對讓少數人掌控多數人

民主不一定能永久生存，但經常能催生政治和社會上的變革，這是一個影響深遠又令人費解的問題。民主人士推翻昏君、暴君、腐敗政權以及帝國，藉此改變了歷史進程；因此可以說民主有助於建構歷史，不過這是個悖論。如果將民主簡單地理解為「人類自我管理」，那麼民主的誕生就意味著人類自認可以制定讓大家一起在地球上生活的平等制度。這點不證自明，但請仔細想想這是多麼重要的一件事啊！能呼吸、眨眼的平凡人可以組成論壇，人人平起平坐，討論金錢、家庭、法律和戰爭等問題，並且決定行動方針。從這層意義上說，**民主是一項扣人心弦的發明，因為民主實際上是有史以來第一個具有可塑性的政府形式。**

專制政體和君主制的合法性和持久性都源於固定且僵化的規則，相比之下，民主卻要世人看清，一切事物都建立在時間和空間上。因此，為了不把自己交付給君主、皇帝或暴君，人們需要公開且彈性地生活。民主的本質即是偶然，在集會自由、廉政機構和定期選舉等助長之下，民主擁有更高的不確定性。民主向世人強調：目前的情況不一定是未來的情況。民主也讓我們對事物的「本質」、欠缺靈活的慣俗，和所謂「不可改變」的安排都抱持懷疑，同時鼓勵人們改變世界。民主有時還會引發革命。

法國思想家克勞德·勒福特（Claude Lefort）常說：「民主有其野蠻的一面。」

* 原句為"History is filled with the sound of silken slippers going downstairs and wooden shoes coming up."意思是歷史的更迭在於當時人民的承受度，當養尊處優的貴族階級無法繼續支撐下去，草根人民會群起代之。

民主打破了確定性，超越界限，並且不易被馴服。它要求世人看穿上帝、君權神授，以及關於人性的論述；否定一切基於智力、血統、膚色、種姓、階級、宗教信仰、年齡或性別的「天然」優越性，並唾棄這種優越性伴隨而來的特權。民主令權力變質。

民主鼓勵人們，生活是可以被改變的，也鼓勵人們正視所謂重中之重的政治問題：該如何防止少數人、富人或者有權勢的人霸占著權力？民主解決了由巨人統治的泰坦主義（Titanism），讓「誰該得到多少、何時得到以及如何得到？」自此成為一個開放式問題。從一開始，民主就知道人類雖然不完美，但至少足夠優秀，不會被他人擺出的完美假象所騙。另一方面，人非聖賢，因此誰都無法被人信任，只有在權力受到監督的情況下才能統治他人。中國作家林語堂曾說過：「民主假定，人類更像潛在的騙徒，而非誠實的紳士，既然不能期望人們總是為善，就必須想辦法令其無法使壞[1]。」民主國家的理想目標是由謙卑之民所有、由謙卑之民統治、由謙卑之民享受。這就是「民治精神」，決定事務的權力不能移交給想像出來的神明、傳統、獨裁政權或專家，裁決重要的公共事務時，人們不能不動腦、不作為，亦不能委託他人代為定奪。

中國擅寫諷刺文的作家林語堂正在研發中文打字機。他的作品嘲弄一九三〇年代國民黨政府的宣傳和審查制度。他的第一本英文書《吾國與吾民》（出版於一九三五年）非常暢銷。

◆民主的奇蹟和祕密

民主敦促世人認清，世界沒有恆常不變的事物，人性就是如此。民主的歷史中，不乏非凡的時刻：勇敢的個人、團體或組織決定反抗現狀，出乎預期地推翻主人、顛覆世界。民主常讓現實措手不及，並且帶來奇蹟。暴君被戲劇性地逮捕以及公開處決、心懷不滿的公民臨時起義、軍事獨裁者遭遇意想不到的反抗、令人捏把冷汗的議會投票……這些事件震驚世人，也讓後代對這些歷史事件的原因深深著迷。

想看懂民主的勝利並非易事。我們

必須揚棄一些根深柢固、自以為是的觀念，睜開驚奇的雙眼看待這些事件。由於民主會保留最古老、最寶貴的祕密，不讓後人探知，這些事件因此顯得更奇妙了。

舉例來說，從古至今，民主經常被描繪成女性形象。二〇一九年，蘇丹獨裁者奧馬爾・巴希爾（Omar al-Bashir）遭到推翻，抗議活動中，名叫雅勒阿・薩拉赫（Al'aa Salah）的女學生受到推崇。她身穿白袍，熱情奔放跳著舞，呼籲示威者為自己的尊嚴挺身而出。二〇一九年夏季，香港人走上街頭，反對中國大陸的統治。抗議中，女性形象再度出現：一尊以眾籌資金製造的四公尺高雕像出現在市民眼前，這座雕像戴著頭盔、護目鏡和防毒面具，手裡握著棍棒和雨傘。一九八九年，占領北京天安門廣場的行動雖然後繼無力，中央美術學院的學生設計了手執自由之燈的女神形象，藉此表現民主政體。

回溯歷史，義大利佩魯賈（Perugia）的藝術家切薩雷・里帕（Cesare Ripa）將民主描繪成一手緊握象徵人民團結的石榴、另一手抓住數隻蛇的農婦。此外，根據二十世紀考古學家的研究，雅典的男性市民信奉戴模克拉蒂亞女神（Dēmokratia），祈求祂保佑人們能根據法律行使反抗暴政以及集會議事的權利。

我們不太清楚與這位女神相關的細節。談到民主時，時序往往不可預見。然而

二〇一九年四月，攝於蘇丹的喀土穆。身穿白袍的雅勒阿．薩拉赫帶領群眾，高呼推翻奧馬爾．巴希爾總統。她是起義的象徵。

一六四三年的法文版《圖像集》（*Iconologia*），初版於一五九三年，由切薩雷．里帕所作。這是一本廣受閱讀的作品，記載許多美德和寓意圖，其中民主即被描繪成一名衣著粗劣的農婦。直到近代，民主都被視為一種危險的、過時的（希臘）理念，是無知者和粗鄙者所追捧的東西。

在近兩世紀間，我們確定雅典人用「戴模克拉蒂亞」這個陰性名詞來指稱自己的生活方式；我們也知道，有位女神堅定地支持著雅典的民主，女神拒絕婚嫁與生育，還擁有塑造希望和恐懼的力量。雅典人用女性相關詞語來想像自己的政體，他們還將民主比擬成女神。戴模克拉蒂亞既受人尊敬又令人畏懼，祂是超然凡間的神，擁有非凡的力量，可以賦予或剝奪信徒的生命。因此，有一支雅典的戰艦艦隊以祂命名，建築物和公共場所都以祂的形象作為裝飾。

在集市（agora）公共廣場的西北角有座小山，山頂有一座保存至今的大神廟，廣場上則矗立一棟引人注目的柱廊建築，這座會館被稱作「宙斯柱廊」（Stoa of Zeus Eleutherios），內部十分華麗，裝飾的畫作為《民主與人民》（Democracy and the

People），由來自科林斯（Corinth）的藝術家歐弗拉諾爾（Euphranor）繪製而成。他究竟如何完成這些畫作？實在百思不得其解。歐弗拉諾爾的畫作並未保留至今，但時時提醒世人民主與神祇的關聯密切，同時也反映了雅典政體是由女神所保護。

雅典現存最古老、最著名的戴模克拉蒂亞圖像可以證明這點。西元前三三六年。一塊律碑的上方雕刻了女神像，女神正用花環裝飾、保護和庇佑代表雅典人民的蓄鬚老者。女神戴模克拉蒂亞吸引許多人前來祭拜，祂的神殿位於集市內。如果推測不假，神殿裡應該有一個石砌祭壇，在女祭司的引導下，市民在祭壇前念誦祈禱詞，並獻上糕餅、葡萄酒、蜂蜜、山羊，或是春天出生的羔羊；神殿可能也舉行過「待神儀式」（theoxenia），邀請女神前來用餐，讓祂斜倚在華麗的臥榻上休息。

女祭司的職責是確保女神獲得應有的尊重。女祭司的人選可能從雅典的望族家庭中挑選出來，或者經由抽籤提名、選定，或者是徵詢神諭之後任命。女祭司身為男性世界的女性要角，她有不可褻瀆的神祕權威，但同時必須承擔受罰的風險，懲罰方式包括受冷落、口誅筆伐、流放，甚至是死刑。為了回報眾人的託付，女祭司必須讓民主雅典免遭不幸。

從這樣的安排，可以看出當時人們認為公眾集會中的不當行為可能造成災厄。

舉例來說，如果重要的公民做出了愚昧決定，可能會導致橄欖歉收、漁獲不再，或是因為民主墮落而自絕生路，我們會在下文討論這一部分。

Part I

集會式民主

ASSEMBLY DEMOCRACY

民主的起源是公共集會。集會上，公民可以自由地辯論、表示同意或反對，做決定時每個公民平起平坐，不受首領、君王或暴君的干涉。我們稱之為「集會式的民主時代」。

至今，我們還不能確定這個時代如何開始。有人編了個故事，將民主的根源往上推到雅典。他們認為民主從古希臘開始。

十九世紀，喬治・格羅特（George Grote）等人提出「民主始於雅典」的想法。格羅特是英國銀行家、學者、政治家，也是倫敦大學學院（University College London）的共同創辦人。根據格羅特的說法，很久以前，位於地中海的雅典發明出一種新的治理方法，鎮民稱為dēmokratia，意即由人民（dēmos）統治（kratos），也就是自治的概念。為了讚頌dēmokratia，鎮民會唱歌、舉行盛宴、演出戲劇、締造戰功、每月舉辦集會，有時還會戴著花環參加遊行。他們對這個制度滿懷熱情，同時竭盡全力加以捍衛，當別人用劍和矛抵住他們的脖子時尤其如此。因為天分和勇氣，雅典贏得了民主之源的美譽。雅典人不僅將集會式民主發展至各地，更將民主的恩澤留給後世。

◈民主發源於東方，一路傳播向西

此傳說至今仍深植於大眾的印象之中，而且學者、記者、政治家和權威人士總是再三提起。但這個傳說其實並不正確。

讓我們從「民主」一詞開始研究，這個詞的起源已經不可考，但在西元前五世紀中葉，"dēmos"已出現在雅典的銘文和散文中；也許該詞出現的年代更早，但在此之前的銘文很少留存至今，寫於西元前四六〇和前四三〇年的散文也已佚失。公共演說界的先驅安提豐（Antiphon）曾在《論歌舞隊之舞者》（*On the Choreutes*）中提到，當地有個向戴模克拉蒂亞女神獻祭的習俗。歷史學家希羅多德（Herodotus）也談過這位女神。雅典軍事指揮官兼政治評論家色諾芬（Xenophon）並不喜歡民主，因其削弱寡頭政治和貴族政治勢力，他也曾提及戴模克拉蒂亞女神。埃斯庫羅斯（Aeschylus）的悲劇《祈援女》（*The Suppliants*）深受雅典觀眾喜愛，首演於西元前四六三年左右，其中有一段關於民主的討論：「公開會議上眾臂如林，人民高舉右手。全票通過，民主式的決議變成了法律。」

說到這裡，一切脈絡還算簡單。然而證據表明，這個字實際上更加古老，少說可以追溯至七百至一千年以前，也就是邁錫尼文明的線形文字B，約出現於青銅時代晚期。邁錫尼文明以雅典西南部的要塞城市邁錫尼為中心，也就是現代種滿了柳橙和橄欖的阿爾戈利斯（Argolis）。三百多年間，邁錫尼的軍隊控制了希臘南部、克里特島、基克拉澤斯群島和西亞的安納托利亞西南部。邁錫尼人使用dāmos或dāmo來指一群曾經擁有共同土地、手上卻沒有權勢的人。三音節詞dāmokoi指某些特定的官員，負責維護dāmos的權益。至於邁錫尼人如何使用這些詞、何時開始使用，目前尚不清楚。不過，這些詞以及現今談到民主時所使用的部分單字可能源自東方，例如蘇美文明的dumu，原指具有家族關係和共同利益，且來自同一地區的兒童。

考古學家還發現了雅典傳說另一個互相矛盾的證據。第一個以集會為基礎的民主模式出現於現今敘利亞、伊拉克和伊朗等地。自治的習俗後來往東傳到印度，在**西元前一千五百年左右，首次出現以集會為基礎的共和國。**正如下文所示，集會制度也向西傳播，一開始先傳入腓尼基城市比布魯斯（Byblos）和西頓（Sidon）等，然後再傳到雅典。但後來人們卻一口咬定西元前五世紀雅典出現「西方獨有」的民主體制，並提出這是雅典比東方墮落又野蠻的政治更優秀的證據。

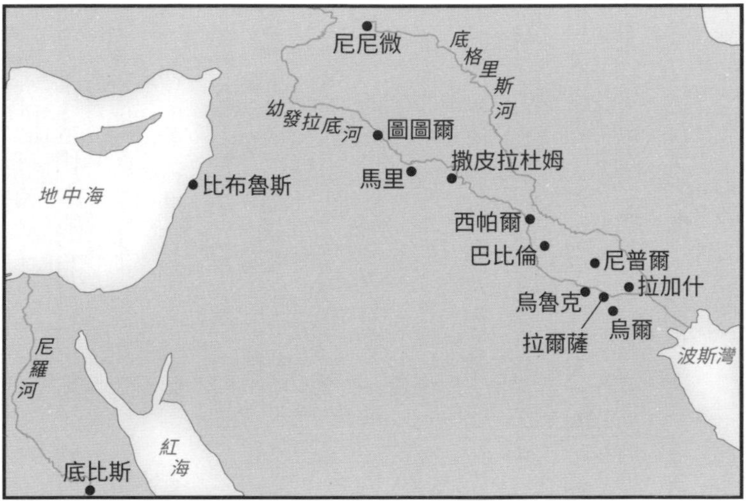

敘利亞－美索不達米亞的古城建立於土壤肥沃、水源豐富的地區。西元前三二○○和一○○○年之間，這裡是集會式自治制度的搖籃。

證據顯示，西元前二五〇〇年左右，民主出現於今天的中東地區。底格里斯河、幼發拉底河在沙漠、丘陵和山脈之間雕刻出廣闊的河谷，人類歷史上第一批城市也在此誕生。公眾集會也開始在這裡舉行。

敘利亞－美索不達米亞古城包括：拉爾薩（Larsa）、馬里（Mari）、納巴達（Nabada）、尼普爾（Nippur）、圖圖爾（Tutul）、烏爾（Ur）、巴比倫（Babylon）和烏魯克（Uruk），這裡的地貌如今大多是風積的灰褐色土堆。但在西元前三二〇〇年左右，這裡是文化和商業活動的中心，著名的金字形神塔（ziqqurats）建在巨大的石階台上，曬乾的磚頭砌成一座座壯觀的人造山丘，目睹這些雄偉寺廟的遊客總是興奮得倒吸一口氣。這些地方通常位於土地很寶貴的灌溉區域中心，當地農產量急劇增長，因此獲得豐厚的回報，並促進了專業工藝和管理技術的發展，其中包括抄寫員使用矩形筆尖寫下的楔形文字。此外，這些區域也是銅、銀等原料的貿易通道。

這些城市的面積從四十到四百公頃不等，人口密度非常高，這樣的活力為敘利亞－美索不達米亞帶來許多特別之處，其中就包括政府型態。大家普遍認為，君王在該區的統治維持了數個世紀。然而，人們長期為了獲得利益的對象、數量、時間與地點等發生衝突，例如爭取土地的所有權和貿易，進而造就緊張的局勢，因此塑造了王權制度。儘管後來某些帶著偏見的西方歷史學家主張當時的君王屬於絕對專制，但事實並非如此。**考古學家以證據證明在雅典進行民主實驗前的兩千年，敘利亞－美索不達米亞國王的威權必須承受來自下層民眾的壓力，而這股壓力由「集會」所施加。**蘇美語中，這種集會叫做「烏普」（ukkin），在阿卡德語則是「普倫」（pūhrum）。

丹麥學者索基爾德・雅各布森（Thorkild Jacobsen）首次提出「議會制衡王權」的說法。他認為這種蓬勃發展的「原始民主」（primitive democracy）流行於敘利亞－美索不達米亞，尤其是西元前二〇〇〇年的巴比倫和亞述（Assyria）。雅各布森常說：「在當地人的認知中，這裡就是由眾神擁有並治理的政治聯邦（political commonwealth）。人們普遍認為神會聚在一起，人類也效法神的集會模式。」

雅各布森提出的「原始民主」是否有什麼實質的內涵？這點有待商榷。從目的

---

* 致力於探討事物產生的目的、本源和歸宿的哲學。傳統上，目的論與偶然論對立。目的論提出「功能決定形式」，例如人有眼睛是因為人需要視覺；相反，偶然論提出「形式決定功能」，例如人有眼睛，所以人有視力。

索基爾德・雅各布森在蘇美城市泰爾阿斯馬爾（Tell Asmar）大型住宅區廢墟的清理工作中筆記。約一九三一年攝於伊拉克。

論（Teleology）*來看，「原始」一詞背後的意義在於「同類型中的第一個」，也是後代事物的原型，但這引發了棘手的問題：希臘式集會和美索不達米亞式集會之間有無歷史關聯？另外，目的論還假設民主的性質與實踐在時空上存在許多差異，但有一條不曾間斷的時間線將集會民主和現代選舉民主串聯起來，彷彿拉加什、馬里和巴比倫等民族正是詹姆斯・麥迪遜（James Madison）、溫斯頓・邱吉爾（Winston Churchill）、賈瓦哈拉爾・尼赫魯（Jawaharlal Nehru）、瑪格麗特・柴契爾（Margaret Thatcher）和傑辛達・阿德恩（Jacinda Ardern）的兄弟姐妹似的。此外，「民主」一詞也存在濫用的風險。「原始民主」（proto-democracy）又稱原民主，由波蘭裔美國人類學家布羅尼斯瓦夫．馬林諾夫斯基（Bronisław Malinowski）所創。使用這類術語時我們往往太過隨意，常常只因某些社會沒有中央集權機構、沒有積累而成的壟斷權力，或禁止暴力壓迫，就將其定義為「民主」。「民主」一詞源自線形文字B，用法已經不合時宜，無法解答這個問題。最後，若將敘利亞－美索不達米亞的集會稱為「原始民主」，可能會讓人忽略它的**原創性**。

但雅各布森提出的論點還是十分重要，因為他證明敘利亞－美索不達米亞的古代集會是雅典與其他希臘民主政權效法的先驅，也帶來了腓尼基文明後期興起的集會。源自敘利亞－美索不達米亞的古老集會讓我們重新思考民主的起源，我們曾經以為的「希臘式民主」其實源自東方，而且第一次進行自治實驗的人竟是歷史上長期公認缺乏民主能力的人，他們也是當今的民主國家最該感謝的對象。這就是所謂的「光源自東」（ex oriente lux）：集會民主之燈首先點亮於東方，而不是西方。

◈集會的起源：師法眾神

這些集會究竟是什麼樣貌，又是如何運作的呢？這問題既引人入勝又令人費

阿努（蘇美語稱為「安」〔An〕）是神聖天空的化身，也是美索不達米亞所有神祇和惡魔的祖先，其他神祇以及世間所有統治者的權力也是由他賦予。不只一個文本將阿努描述為「包含整個宇宙」的角色。

解。早期的公民集會受神話的啟發，神話也賦予了日常生活的意義和活力。

在敘利亞－美索不達米亞人民的觀念中，宇宙是一片充滿衝突的天地，由具有人性的強大力量所操縱，兩千年後的希臘神話也是同樣的概念。這些神祇從原始混沌時代現身，祂們控制一切，包括：山脈、峽谷、石頭、星辰、動植物和人類，所以令人心生畏懼。眾神喜怒無常，導致土地定期受到雷雨侵襲，雷雨又帶來洪水，地面變得泥濘，人們因此寸步難行。在眾神指揮下，河流水位意外暴漲，沖毀堤壩、淹沒莊稼。眾神也會發號施令，颳起灼熱的風，城鎮因此湮沒在令人窒息的塵土中。

整個世界處於動盪之中。然而眾神據說已經戰勝混沌，並且竭力為世界注入能量和運動，動態整合並創造秩序。最終的均衡正是集會上談判的結果，換句話說，神界有個議事機構，負責決定與發布重大事件的命令，也就是所謂的命運。

男神和女神估計共有五十多位，但主事的核心圈子由七位神仙組成。影響力最大的正是駕馭風暴的天空之神阿努（Anu），他負責召集「大神會議」。一般認為，這些神能將自己的部分力量授予人類，世人亦可籠絡祂們，以獲得神力眷顧。在敘利亞－美索不達米亞，贏得神祇青睞是一種自我賦權的方式。不管是寫信給神、舉行哀哭遊行，這些籲求神明出手相助的盛事都能喚起大眾的關注。家家戶戶設置神龕，供奉自己選擇的神祇，每日祝禱、陳設供品。據說，如果世人模仿神的集會，進行辯論以及集體決策，從談判和公眾討論中達成妥協，人間的自治也可以跟神界一樣蔚為風行。因此**在敘利亞－美索不達米亞，商定事務的集會習俗擁有非基督教的、多神崇拜的根源**。當來自各行各業、地位不一的公民聚在一起集思廣益時，他們認為自己跨入了神界，祈求眾神向人世施予恩惠。

基督教教義與現代觀念對這種神話思想有著非常深刻的偏見，因此在民主史上，敘利亞－美索不達米亞的古代集會並未得到廣泛承認。識字能力背後的政治經

西元前七〇〇至六五〇年間，《呈王者之忠告》從原始文本抄錄下來，並存放在亞述巴尼拔圖書館（Library of Ashurbanipal）。一八四〇年代，在古城尼尼微的遺址發現該圖書館當年收藏的石質文本，大約三萬本。

濟學也助長了這種誤解。城市和寺廟的經濟規模不斷擴大，人們開始以文字記錄，提升重要又複雜的會計效率。現存的證據表明，雖然文字書寫促進了敘利亞－美索不達米亞不少重要文學的誕生，但當時僅有精英階層才識字。保存檔案主要是為了日後用來追蹤商貿交易，以及公共機構的行政管理（如寺廟和王廷），因此只有政府機構和富有人家才會使用文字。因此，後人幾乎無從得知當年的集會。說來矛盾，集會也加深了這個現象：至少從證據上來看，正因為中央集權的王廷和官僚機構壟斷了經濟和行政方面的記錄，集會的去中央化政治就未被記錄下來。

「集會」一詞在古蘇美語和古阿卡德語分別是「烏晉」和「普倫」。據說，古蘇美語和古阿卡德語的「集會」等於英語的"assembly"，指非正式的聚集或一種治理機構，聚集的人群也可能包括農民。例如，在西元前二〇〇〇年，來自美索不達米亞西北部、住帳篷的牧民會定期聚在一起，討論大家共同關心的問題，城市裡的集會也負責解決爭端、做出法律判決。集會的權力包括挑戰君主權威，正如《呈王者之忠告》（*Advice to a Prince*），這塊政治文本的泥板出土於伊拉克北部，該處為昔日的尼尼微，是世界最古老圖書館的遺址。該文本寫於西元前二〇〇〇年代末期的巴比倫，旨在警告君主，如果干涉城市和鄉村生活的自由，男女神都不會坐視不管。如果貪婪的君王「奪取巴比倫公民的銀子並收進自己的金庫」或「審判巴比倫人的訴訟案時輕率以對」，天地之主馬杜克（Marduk）「將令敵人攻擊君主，〔並〕接收君主的財富」。如果對神祇的忠告充耳不聞、將公民不當定罪或不公監禁、甚至強迫公民至田間或神廟勞役，也有相對應的懲罰規定。這個文本提醒現在和未來的君王，在神祇的幫助下，巴比倫、尼普爾和西帕爾的集會各自擁有免受專橫統治侵害的權力：「居住天地間的偉大神祇阿努、恩利爾（Enlil）和厄阿（Ea），確認集會的這些人享有免受此類義務壓迫的自由。[1]」

持懷疑論的人可能會問：對於有權有勢的人而言，集會難道不是強大而有用的政治工具嗎？畢竟君王可以藉此聽見基層的聲音，不會因為與臣民間的距離太遙遠而不清楚民意。集會也可以成為支持王權政策的管道，政策可以輕易獲得採納，不是嗎？

在小型社群裡，統治者通常會與自己管轄的人民混在一起，集會也是統治者和被統治者之間重要的溝通管道。然而就像一千年後希臘的民主政體，古代敘利亞－美索不達米亞的集會不只是公眾學習的場所，人們也在那裡學會質疑權力，甚至孕育了政治（即對「誰該得到多少、何時得到以及如何得到」等等問題做出公開的決斷）。無論在鄉村和城市，集會型塑了人民的生活，並幫忙調解用水、土地糾紛、賦稅、公共安全等紛爭。長期以來，尤其在西元前十世紀，大眾習慣在城市較大的神廟中進行集會，這些神廟不僅是禮拜場所，也是審核政府行使的權力是否造成衝擊的空間。城市內每個街區都有自己的居民集會，這些地方集會同時也負責審理與調解鄰里糾紛。

古代敘利亞－美索不達米亞的集會功能相當多元，因此集會不僅屬於各地君王、神廟、富人或強大帝國統治者，也是一股可觀的政治力量。但此類集會的涵蓋面有多廣呢？參加集會的人數確實很多。集會雖非世俗性質，然而神聖與世俗間的分別對美索不達米亞的人民不具意義，對希臘人而言也是如此。城市裡的長者通常負責指導，但女性是否在集會中占有一席之地？儘管各方證據都很薄弱，但是「女性經常參與集會」的論點比較引人懷疑。奴隸和兒童一般沒有發言權，但是商業城市卡內什（Kanesh）曾有家奴出席集會的紀錄。古巴比倫時期（約西元前一七〇〇年），幼發拉底河畔的前哨城鎮哈拉杜姆（Haradum）曾有全數居民均參加集會的記錄，其中包括來自各種背景和職業的男女，而且市長哈巴薩努（Habasanu）甚至被指控挪用納稅人的金錢[2]。在其他地方，陶匠、園丁、捕鳥人以及在當地神廟執勤的士兵等

「平民」經常參加集會。某些會議由特定的手工藝匠人或專業人士（例如商人）出面召開。西元前五世紀，甚至連外國人都有專屬的自治協會，例如來自埃及等地區的移民在巴比倫組成了不同集會。同時期的雅典民主蓬勃發展，卻從未出現過這類集會。

◈集會的傳播：從腓尼基出發

這種早期的集會形式開始傳播，西元前一五〇〇年之後向東傳入今天的印度大陸，當時是吠陀時代早期，比雅典民主早了一千年。由集會統治的共和政體開始流行[3]。由於沿河貿易和商隊路線深入敘利亞－美索不達米亞的城市，如馬里、圖圖爾和納巴達，集會議事的習慣向西傳播，來到海洋民族腓尼基人控制的地中海，同時也觸及希臘城邦。希臘城邦堂而皇之地自詡為集會議事的發明者，並為其貼上「民主」的新標籤。

十九世紀後期，人們在埃及的沙漠中發現了奇蹟般被保存下來的草紙卷軸，內容揭示腓尼基人為了保持集會制度的活力所做出的貢獻。卷軸記錄了一件波折不斷的故事，主角是溫－阿蒙（Wen-Amon），他是底比斯的外交官。西元前一一〇〇年

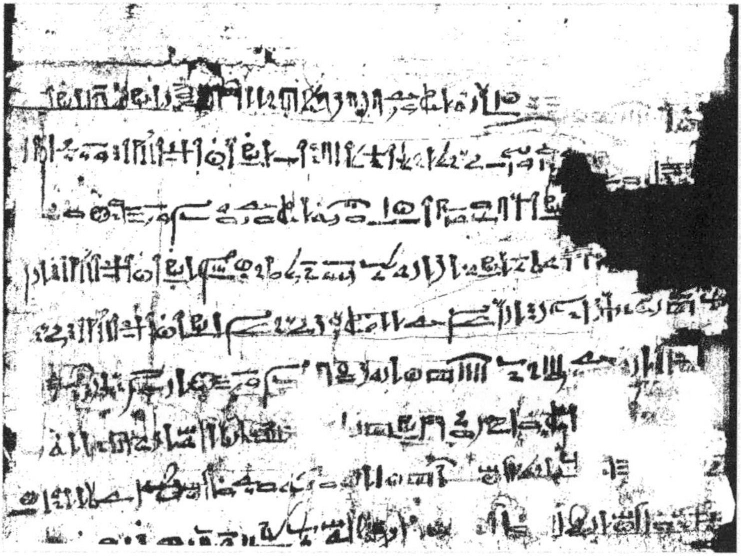

記錄溫－阿蒙遭遇的草紙片段，一八九〇年在埃及阿爾－希巴（al-Hibah）出土。一年後由俄羅斯埃及學家弗拉迪米爾·戈列尼甚切夫（Vladimir Goleniščev）買下，現藏於莫斯科普希金國家美術館。

左右，溫－阿蒙走海路前往比布魯斯，這是個繁榮的腓尼基港都，位於雅典以東七百公里。登岸之後，他派人向當地商人購買從附近山區雪松林砍下的優質木材。這筆生意相當單純，經過當地君主許可後，奴隸先將雪松裝到船上，然後運往地中海東邊的底比斯卸貨，當地一流工匠會將這批木材製成一艘大平底船，這艘船之後會加入埃及拉美西斯十一世讚頌生育之神兼法老守護神阿蒙的神聖艦隊。

儘管雙方針對付款事宜爭論許久，冬季大雪也造成延誤，但木料最終還是由三百頭牛駝運到比布魯斯，裝到停泊在港口的船上。但在啟航後不久，善變的神祇插手了。可憐的溫－阿蒙和船員被瑟克人（Theker）的艦隊包圍，這支由十一艘船所組成的艦隊來意不善。瑟克人對這樁交易感到不滿，於是要求地方當局逮捕溫－阿蒙。一大群人聚在彎月形海港，粗聲粗氣地叫嚷著。同時，早已有人跑去向當地的君主扎卡爾－巴爾（Zakar-Ba'al）通風報信，請求對方出面化解危機。現場一片混亂，溫－阿蒙和船員擔心自己恐怕性命不保。

這時，扎卡爾－巴爾君主駕臨。為了平復大家的情緒，他提供了酒、烤羊以及炒熱氣氛的歌女。扎卡爾－巴爾告訴溫－阿蒙，他打算深入了解這場爭端，夜裡再做出定奪。卷軸上接著寫道：「隔天早晨，扎卡爾－巴爾傳喚『mw-'dwt』，君主站到人群中，對瑟克人說：『你們為什麼來這裡』？[4]」

根據紀錄，當局之後將溫－阿蒙一行人安全護送到外海，大風吹起，船隻得以急速前進，將瑟克人拋在後面。接著在比布魯斯發生了什麼我們不得而知，但這無關緊要，因為與奇怪的單字mw-’dwt相比，文本中其他的細節都不值得注意。考古學家要麼保留這個名詞，要麼將其誤譯為「衛隊」。但mw-’dwt實際上是古老閃語的單字，意為「集會」或「議會」（對應希伯來語的mô’ēd）。這個單字曾出現於聖經中，意指「會眾之間出名」的人，例如〈民數記〉16:2：「……就是有名望選入會中的人。」〈出埃及記〉27:21中，摩西命令以色列人取來手工壓榨的橄欖油：「在會幕中法櫃前的幔外，亞倫和他的兒子，從晚上到早晨，要在耶和華面前經理這燈。」

◈西方民主的開始：早期希臘集會

溫－阿蒙的故事告訴我們，在雅典的民主實驗之前，有種自治形式已存在整整五個世紀了。在溫－阿蒙遠行之際，比布魯斯當年是個繁榮的濱海小城邦，在古代

刻在這塊石頭上的德雷羅斯法律寫道：「本市決定：如果曾擔任議員，此人十年之內不得再擔任該職。如果此人仍以議員身分行事，那麼無論做出何種決斷，此人都將承擔雙倍責任，並且有生之年都無權再次擔任該職位，而以議員身分行任何事均屬無效。起誓人包括議員、damioi與本市二十位公民。」

地中海享有盛譽。這裡後來改稱傑巴爾（Gebal），也就是今天黎巴嫩共和國境內的朱拜勒（Jbeil），此城生產木材和紙張，因此一些常用的重要詞彙也是從比布魯斯Byblos轉換而來，例如book的古字為biblion，原意為小冊；bible的古字為biblos，原意為紙草、卷軸；以及bibliography等字。除此之外，比布魯斯的集會治理體制也享譽各國。聖經中甚至提及比布魯斯，並將比布魯斯描述為可以進行自由貿易的商業區。聖經中著名的段落提到：「你的邊界位於諸海之間。」那裡不僅有以色列生產的珍貴小麥、蜂蜜、油脂、香膏，還有黎巴嫩雪松木製成的上等船桅。此外，那裡也有個由「迦巴勒的長老與智者所組成之集會」（以西結書27:9）。

提到溫－阿蒙的故事，人們有個更普遍的觀點：多虧腓尼基人，民主議會制度才能在地中海的希臘城邦扎跟。這類集會最初興起及發展之處確定不是雅典，但在西元前六世紀的最後十年，雅典公民開始建立屬於自己的民主。因年代久遠，一些關於早期集會的證據已經難以尋覓。雖然經過詳細研究後，考古學家得以重現雅典當年的風貌，但倖存的資料並未因此得到保護。因為博物館的經費不足、組織草率，加上盜取藏品的私人行徑，文物維護的情況愈來愈糟。然而，可靠的證據依然存在，例如有人在希俄斯島（Chios）南部發現一塊刻有「人民」（dēmos）的紅色火山岩石片，年代可追溯到西元前五七五至五五〇年；出自克里特島德雷羅斯（Dreros）阿波羅神廟的一小塊灰色片岩可追溯到西元前六五〇至六〇〇年，這塊片岩引起極大關注，因為這可能是現存最古老的希臘法律文件，也是第一個提及定奪城鎮居民共同關心之事務的機構「damioi」的證據。

我們現在知道，希臘總共有大約兩百個像德雷羅斯和希俄斯的公民城邦，某段時期多達一半的城邦曾經歷過民主。但在今天民主人士的眼裡，當時「民主體制」（dēmokratiai）承受失敗、遭遇毀滅，而破壞它的因素不外乎軍事征服、富人的陰謀和一意孤行的暴君，這三種力量有時會聯手攻擊，或是接踵而至。民主體制的命運如此多舛，不得不讓人聯想民主徹底的偶然性和脆弱易碎。

但一些比雅典更早出現的民主體制歷久不衰。這些集會形式的適應能力很高，引導我們開始思考民主的建立、度過難關的方式，以及民主型態的多樣性多麼驚人。舉例來說，在西元前五七五至五五〇年左右，距離亞洲海岸僅五英里的希俄斯島上，出現一個繁榮的海洋型民主國家。此國依賴大量從事葡萄栽培的奴隸人口，以及出口葡萄酒和進行商品貿易的精英階級。富有的地主擁有相當大的政治影響力，他們很可能設法向法官團（島民稱之為boule demosie）施壓，強迫對方依自己的意願行事。因此，人們製作一塊公開展示的石碑，天天提醒貴族循規蹈矩，牢記公共事務的最終決定權屬於人民。

希臘民主中，最古老、最引人讚嘆的是於西元前六五〇至六二五年建立的公民國家安布拉西亞（Ambracia），該國位於科林斯地區，地點距大海僅幾英里遠，附近有一條航運便利之河流，周圍是土壤肥沃、樹木繁茂的平原。安布拉西亞的自治制度和公眾集會可以追溯到西元前五八〇年左右，比雅典集會還早了七十多年。民主國家通常很少以民主的方式建立起來，安布拉西亞也不例外。安布拉西亞的民主誕生於一場抗拒獨裁者佩里安德（Periander）苛政的革命，據說酗酒的佩里安德喝醉後竟問自己年輕的同性情人是否已經懷孕，這個行徑顯然激起大眾的憤慨。在這個容

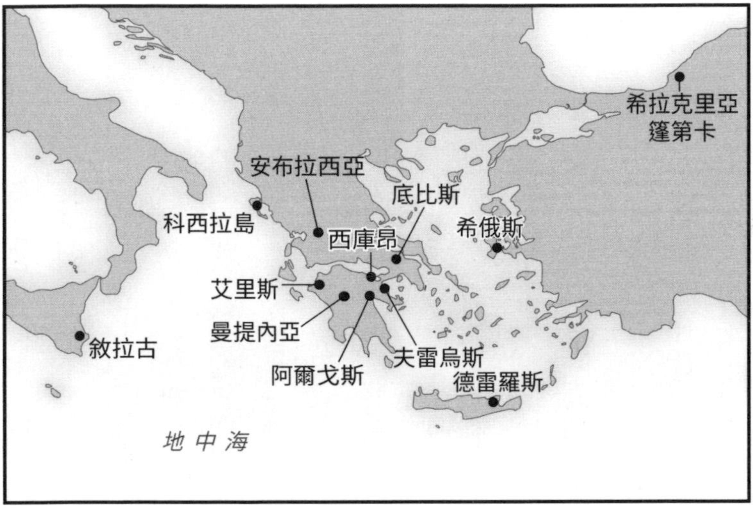

西元前七世紀的古希臘民主國家包括許多大陸上的和地中海島嶼上的公民國家。

忍男子同性戀但對女性的態度依然矛盾的社會中，這句話實實在在地傷害了男性尊嚴。因為如此嚴重的羞辱，佩里安德的情人著手策劃推翻統治者的陰謀。他鼓勵當地的居民和佩里安德的敵人（大概是心懷不滿的地主）結成同黨，亞里斯多德說：「民眾與暴君佩里安德的敵人聯手將他驅逐出去，然後自己接掌了國務。[5]」

在整個希臘世界裡，最窮的階級接掌統治的事件屢見不鮮。在西元前四九一年左右，西西里繁榮的古城敘拉古經過一次反對統治地主（hoi gamoroi）的革命，民主就此誕生。此後，西西里島幾乎所有城鎮都群起效尤。西元前五世紀，當時希臘世界的主要政權型態為暴君政治、寡頭政治和王權政治，但這三種政權型態紛紛衰落。到西元前四六〇年，廣為流行的自治政體也傳進義大利南部的一些城市、愛奧尼亞地區、科西拉島（也就是今天的科孚島），以及伯羅奔尼撒。一段出自西元前五世紀初的銘文很值得我們注意，這份文物出自艾里斯城邦，可能是一部長篇法典的結尾。在艾里斯，法院判決（dika）不能成為法律，但「全民會議」（damos plethyon）所制訂的規矩卻可以成為法律。

鄰近的曼提內亞（Mantinea）在某段時期由小地主（dēmos ho georgikos）治理，是個充滿活力的農業民主國家。在亞里斯多德看來，這個社會團體是民主制度最好也最古老的支柱。正如希臘世界其他國家，曼提內亞的議會民主確實是治療暴政和權力濫用的新良方，這種自治新方法普及到整個希臘，其中最有名的正是西元前五世紀的雅典。在當時的雅典，民主意味著成年男性公民所執行的集會統治。

◈雅典民主的興起

雅典曾被視為集會民主的發源地，那麼雅典居民究竟過著怎麼樣的生活呢？西元前五〇七年左右，雅典開始向民主過渡，男子、奴隸、婦女和兒童等常住人口約為三萬。隨著民主向下扎根，人口數也翻了一倍。當地人認為雅典是一座受到眾神祝福的城市，每年有數以萬計的僑胞（梅蒂克人〔metics〕）、商人和旅者投入雅典懷抱，穿梭在雅典蜿蜒曲折的街道，這座城市的人口也因此迅速成長。

俯瞰雅典的普尼克斯山（Pnyx）上有一座碗狀的露天劇場，這是公民集會的地方。雅典衛城西北坡的下方另有稱為「集市」的公共空間，大家普遍認為這是希臘世界最強大城邦的中心。雅典認定自己是個民主國家，並且以此自豪。雅典人認為，民主意味著政體是集體共享，集體不僅包括出身顯赫的人、富人，還有木匠、

一八四六年繪製的《雅典衛城》（*The Acropolis at Athens*）呈現民主雅典鼎盛時期的理想化風貌。富裕且受過良好教育的公民群聚在帕德嫩神廟和衛城下方集市，高處的雕像是巨大的雅典娜神像。

農民、造船商、水手、鞋匠、香料販和鐵匠。**雅典人將民主視為一種人民平等統治、公民團結一致的治理模式**。儘管時間總會流逝、自然會毀滅一切，且人人都將步向死亡，但雅典人靠著集體或一己之力從中自救。集市和普尼克斯山成為公共庇護所，這些空間提供了雅典人稱為"aidós"的感覺，亦即意義深遠的幸福和相互尊重。每天這些公共空間都有許多人前往，因為他人的存在，市民彷彿獲得了穩固的現實感。生性憂鬱、外號「哭泣哲學家」的赫拉克利特（Heraclitus）曾說：「清醒的人共享一個世界，對城邦事務不感興趣的人則像睡著似的。這些人不管國家事務，只追求一己私利。」

若從現代歐洲對民主的定義來看，雅典民主根本不算世俗化。當今擁護「協商式民主」（deliberative democracy）和公民集會的人經常自稱為忠於雅典式民主的創始精神，但他們忘了：集會式民主其實融合了神聖感與世俗化，在雅典人看來，硬把宗教和政治分開毫無意義。當然，雅典民主也為異議人士留有餘地。西元前四四〇年左右，第一位詭辯家——來自阿布德拉的普羅達哥拉斯（Protagoras of Abdera）告訴雅典人，人是萬物的尺度，神祇可能只存在人的腦中，因此神也包括在萬物之中。其他人可能同意普羅達哥拉斯的看法，或者默默開始思考。然而，雅典人其實普遍從宗教的角度來看待民主。雅典人從小接觸宗教崇拜以及家中的祭儀，他們知道自己生活在一個有多位男神、女神的多神宇宙，神祇們也為民主注入「以神祇為標準」的強烈意識。

雅典公民與敘利亞－美索不達米亞人一樣，他們對神祇寄予厚望，但他們也懼怕神祇。西元前三九九年，哲學家蘇格拉底經過公開審判後被處以死刑，罪名是引入假神，並邪惡地讓城裡的青年走上敗壞之路，可見如果人類敢怠慢公認的神祇，將因此受到嚴厲的懲罰。祭司和長老常常提起一段取自荷馬史詩的故事：自由之神宙斯的家門口放著兩個大桶，祂從其中一個桶裡舀出「壞」給一些人，又從另一桶舀出「好」給另一些人，祂最後從兩個桶裡各舀出幾勺，混合了「好」與「壞」，再送給剩下的那些人。這種故事讓雅典人惶恐不已。

我們可能會嘲笑這種對於神界的深刻感情。但是許多雅典公民確實相信，如果同胞的行為不公不義，神祇真的會懲罰全國人民，例如讓天氣變得惡劣、作物歉收，或是橡樹枯萎。

雅典人敬畏神祇的另一個原因是神能讓凡人感到自信又愉快。諸神引導人類、提供保護，讓信徒感受生命的意義。說得更準確些，神祇能幫助雅典人應對生活中的突發事件。神的存在不僅解釋了自然災害和其他人類無法明白的現象（例如乾旱和流行病），還能在人們遭逢困境、需要明智的解決方法時出手搭救。祂們為人類解答疑問，世人也能透過占卜親近神祇，或是諮詢女祭司以求得神諭。女祭司的職責在於傳遞神祇的訊息，提醒公民「凡人必有一死」的真理以及培養謙遜態度的重要性。神祇要雅典人學會與反覆無常或危險的人物和平相處、基於信任和尊重的談判，和做決定的技巧。占卜結果也可以操控權力的天平，用以牽制那些太過精明、任性，或無法考慮他人立場的領導人物，讓他們三思而後行。

占卜和民主的相似之處十分驚人。儘管雅典有許多神祇，卻沒有明確的啟示、聖書，或官方信條。神祇之間還會結黨營私、策劃密謀、選邊站，但祂們也樂於被人說服、和人鬥智，就像玩圈圈叉叉遊戲一樣。因此民主也是一種實踐過程，就像人們做決定前必先親近神祇，向祂們提問後解析神的建議。民主的過程中，公民的內心感到備受鼓舞，他們恭敬地聚在公共場所，平等地決定共同生活會是什麼樣貌。神和人的關係是不平等的，神能妨礙或毀滅人類。正是因為權力不對等，集市上的公民必須模仿神祇的習慣，以此取悅祂們。

◈雅典的性別階級、奴隸制度與權力

對戴模克拉蒂亞女神的崇拜正是其中一個環節。雅典民主與性別息息相關。民主雖然受到女神保護，但許多男性公民認為集市的公共生活與家庭截然不同。家庭生活中，懷孕婦女要承受分娩之痛，她們生下的孩子在故事和神話的陪伴下長大，並且學會識字。此外，婦女還需在僕人的協助下完成打掃、備餐等日常瑣事。做為一個合格的公民，「菲勒斯」（phallus，也就是陰莖）應該隨時蓄勢待發，這也顯示同性戀與雅典民主之間有著深厚的關聯。雅典民主崇尚陽物中心主義（phallocracy）。男人享受部下的伺候，團結一致且平等地統治城邦。他們組織社團，在公共場所共度很長時間，也喜歡打扮年輕的男子，引薦他們參與公共生活。男性公民打成一片，對彼此的情感和愛意源源不絕。他們牽手接吻，渴望美麗的肉體、追求快樂和欲望，對衰老深惡痛絕。然而，這一切都建立於女性和奴隸的犧牲。

雅典民主制度建立在奴隸制之上，這讓後來的民主人士痛心不已。但在雅典，主僕關係的發展又深又廣，因此別人可能誤以為民主是少數人奴役多數人的巧妙託辭。在雅典的民主政體中，有些公民變得富裕，有能力進口或購買奴隸，讓他們從

女神戴模克拉蒂亞為人格化的戴模（Dēmos，意即「人民」）加冕。這件雅典的浮雕作品可能創作於西元前三三六年左右。

事農業、製造業和採礦業工作。這就是民主的發展與奴隸制的擴張為何會齊頭並進的原因，公民身分有個非常珍貴的好處，那就是能夠擁有奴隸。

奴隸制的起源當然早於民主。奴隸雖然分成很多種，卻只是「人」（anthropos）。公民的地位比奴隸高出一截。民主雅典沒有政黨也無貿易同盟，奴隸只是公民的財產，主人一旦心血來潮，可以買賣、遺贈、沒收、姦淫或毆打奴隸。在較富裕的家庭中，女性奴隸擔任女傭、廚子、烘焙師、裁縫、針織女工和理容師，男奴則擔任男僕、管家、門衛以及伺候主人家的少爺。此外，無論在廉價的妓院，或是在舒適的飲酒場合，藝人、舞者和賣淫的男女皆能滿足公民的肉慾。

大理石開採業是使用最多奴隸的行業，而鉛礦和銀礦開採業者則冷酷地剝削奴隸，除了為政體帶來巨大的盈利，也創造了個人的財富。據說西元前五世紀的將軍尼西亞斯（Nicias）擁有一千名雇來採礦的奴隸，這些人力都交由來自色雷斯（Thracia）的可靠奴隸索西亞斯（Sosias）負責監督管理。此外，許多奴隸參與手工藝產業，例如製作琴、皮革、服裝、武器、刀具、燈具和鍋碗瓢盆等商品。有些奴隸幫忙造路、修路、在政府的造幣廠工作、負責清理街道，或是擔任警衛，在集會、法庭和集市上維持秩序。他們也負責神殿的維修和公共建築的建造計畫，例如雅典衛城以及要從雅典往西走一天才能抵達的厄琉西斯（Eleusis）神廟。

雅典十分依賴奴隸，但雅典人很少用詩歌、戲劇或哲學文本擁護奴隸制度，這一點很重要。雖然人們常常引用亞里斯多德的名言，但他的言論可能無法代表雅典公民的所有觀點。不知是否因為羞恥心作祟，或是因為根據經驗，奴隸如果被視為禽獸就不會盡全力工作，許多奴隸主似乎患上了民主焦慮症候群（democratic anguish）。雅典禁止「傲慢罪」（hubris），甚至專設一條著名的法律加以規範，此舉正反映了這個矛盾的心理。這條法律從民主時代之前就存在，一開始是為了保護貧窮的公民，讓他們不被當成奴隸對待，且明確禁止他人無端羞辱或虐待貧窮公民。到了民主時代，這條法律規定殺死奴隸的人都必須進行淨化儀式，以此安撫神祇，凶手也可能面臨由奴隸主人提出的法律訴訟或殺人指控。演說家經常讚揚這條法律，並大大讚賞雅典人的「慷慨」，甚至認為這條法律意味著任何人都不准對雅典所有居民犯下傲慢罪。

◈在普尼克斯，公民可以「放膽直言」

在印刷機、大眾媒體和網路尚未出現的時代，消息和謠言都透過口耳相傳或車馬來往而傳開，其中「演說」是雅典人的一大專長。大家都認為雅典是個有文化的政體，因為該城部分公民具備閱讀能力，必要時還可高聲朗讀。大家耳熟能詳的雄辯術正是從演說能力衍生而來，而普尼克斯是讓大家盡情演說的場所。公民團體「會眾」（ekklesia）負責開會通過城邦的法律，議事過程中，經常有人叫嚷咆哮。哲學家柏拉圖（Plato）對民主制度懷抱敵意，因此他曾抱怨：「雅典享有自由，言論無拘無束，不管誰都可以為所欲為。」他又說：「普尼克斯山的岩壁傳來回聲，批評、讚揚之聲顯得更加喧鬧了。[6]」

柏拉圖似乎抱怨太多了。許多不容置疑的證據都表明雅典公民是自律的。他們敏銳地意識到暴力衝突會產生的危險，又稱為「停滯」（stasis）。毫無疑問地，集會場合是絕不容忍任何暴力的意圖或行為。訓練有素的使者、弓箭手們和奴隸隨時待命，以便落實集會的規則和慣俗。與會的公民坐在光禿的岩石上，或是斜倚、臥躺在家裡帶來的墊子上，他們期望眾人遵守自在發言的義務，以坦率的演說或「放

普尼克斯山上的講台，背景即為雅典衛城。有時演說會十分冗長。

膽直言」（Parrhēsia）來交流意見。與會公民有時會開富人的玩笑、指控行為不檢的人，甚至談及貪腐事件，另外他們似乎也擔心會在不經意之間流露出狂妄傲慢。與會公民議事時善用諷刺，演說者也常以幽默的發言來說服別人。集會現場，有人喧鬧、有人自嘲，偶爾會上演亞里斯多芬（Aristophanes）膾炙人口的諷刺喜劇《騎士》（*Knights*）的結局：長者戴模斯（Demos）被奴隸和香腸小販推搡拉扯[7]。

但集會上的氣氛通常冷靜且節制。**演說者總是說「公民與他人是『同輩、平等的』」。人們認為民主是一種特殊類型的統治方法，每個公民都能享有法律面前人人平等（isonomia）、發言權，以及「輪流統治與被統治」的自由。**在蘇格拉底崛起之前，高超的演說家兼哲學家德謨克利特（Democritus）曾經總結了民主的精神：運作良好的政體是抵禦貪婪和愚蠢的最大利器。只要政體安全，一切都會安全；但如果政體出現危機，那麼一切都會不安全。民主是最好的政體形式，因為民主保障人民暢所欲言的權利，也讓愚蠢和傲慢的人過上苦日子。因為暢所欲言的權利，人民提倡平等與互助，以愉悅（euthymia）對抗一己私欲和野心。根據德謨克利特的說法，因為民主保障了人民能夠坦率發言的權利，大家更能記住執政者的錯誤，而非執政者的功績。

◈集會式民主是直接民主嗎？

雅典集會推崇暢所欲言的精神，因此對於結黨行為懷抱著敵意，尤其是政治派系。那時的人不喜歡多數決，反而喜歡互相協商，以獲得一致的決定。那時的人也質疑投票制（diaphora），因為投票制代表政體中存在著歧異和分裂，大家都不希望因此掀起內戰。雅典是個無黨派的民主國家，人民夢想著以公開辯論的方式達成一致，並做出無庸置疑的好決定。

公眾集會具有約束力，後來也被視為「直接」民主或「純粹」民主的最大優勢。協商式民主的現代支持者認為，公民保持冷靜並集思廣益的模式是雅典民主的精髓，他們因此推崇民有的、民享的，同時也是民治的雅典民主政體。與現代大國和非政府組織相比，雅典民主的範圍更廣，也更有意義。早在十八世紀，日內瓦的政治思想家盧梭（Jean-Jacques Rousseau）主張：「希臘人自主完成所有該做的事。他們經常在公眾集會上見面。當地氣候溫和。人民不貪婪。日常工作交由奴隸操持，因此人民最關心的便是自身的自由。[8]」

《反對選舉》（*Against Elections*）的作者大衛・范・雷布魯克（David Van Reybrouck）是協商式民主的擁護者，他正在觀察二〇一一年十一月十一日於比利時舉行的第一屆全國公民峰會G1000。

除了奴隸制度、婦女的從屬地位、信仰，和「雅典並非集會式民主發源地」的事實，直接民主的擁護者也常常忽略一點：只有被選為代表的「公民」才有權力直接執政。所有的公民無法同時、同地處理事務，所以民主需要代議制。分工意味著「公民」不能被視為一個整體，雖然人民想像自己肩並肩站立、耳靠耳傾聽。但是自治會需要代表，而自治代表做出的決定必然會引發公民間的緊張對立。

雅典的集會式民主證明代議制勢在必行。我們將在下文詳細討論代議制的活力。**雅典的「直接」民主或「共與」民主獲得許多讚譽，但實際上雅典當時有幾個具有代議性質的機構，這個事實與雅典「主權在民、實行直接統治」的假說恰好相反。**這些機構中，「亞略巴古」（Areopagus）最強大、古老且令人敬畏，這裡不僅是當時的法庭，也被稱為「西元前五世紀的上議院」。

接著，我們來談談雅典人以「戴模斯」（dēmos）之名替他人履行職責的方式。每個雅典公民都有資格在「五百人院」（the Council of 500）服務一年。在「五百人院」服務的公民當然不等於現代的議員，他們雖然會進行宣誓，忠誠地為戴模斯服務，但他們沒有直接制定或修改法律的權力。他們的主要職責比較像指導或監督小組，負責起草法律、指導立法，或是監督執行機構。隨著時間推移，五百人院的功

古希臘時代的隨機選擇裝置「投票器」（kleroterion），用於選出前往雅典各法院執行任務的陪審員。

能也發生一些變化，不過始終包含檢查船舶、督導騎兵等基本任務，另外也負責審查（dokimasia），決定新任命的官員是否適合擔任公職。五百人院也負責審判行為失當的法官，並與出租礦場或出售沒收財產的公家機關合作。

五百人院抽籤選出由五十名參議員輪流組成「主席團」（prytaneis），這個給薪核心小組的成員必須年滿三十，負責監督政府的日常施政和排解公民間的糾紛。主席團成員的任期約為三十六天，也就是一個「部團期」（prytany）。主席團成員有時還要通宵工作，在雅典人沉睡時監控著整座城市。

從以上許多方法來看，雅典公民以全體人民之名，將利益交給少數人處理。說來奇怪，雅典並沒有「代表」一詞。直到十九世紀，希臘人才開始以antiprosopos來稱呼「代表」，但這個詞最初的意思是「站在某人或某物之前或對面」，相當於戰場上的敵人或對手。雅典集會上，有時會提到向外國政權傳達本國的決定或請求的「特命使者」（例如特使或大使），雅典人也會用「守衛」或「管理人」來稱呼負責監督或執行獲得公民同意之事項的人。然而，當年雅典人的政治語彙中偏偏沒有「代表」一詞。

由此可知，雅典人似乎無法準確說出自己在做什麼。儘管政治職位的界定和「三權分立」的配置相當清楚，但當時的雅典卻沒有相對應的詞彙。當時的雅典並沒有設立類似於現代公務部門的機構，但每年約七百名公民受雇處理行政業務，例如市場設有檢查員和評估員，其職責在於確保度量衡的公平性，以保護消費者；在奴隸的協助下，城市治安官專門負責保養公共建築、維持街道治安，以及清運垃圾等；政府派遣大使前往國外，捍衛雅典的利益；分派陪審員和法官前往各地法院。

所有三十歲以上的男性公民都有義務擔任陪審員。雅典有所謂的「民眾法庭」（dikasteria），「陪審法官」（dikastes）一詞從「民眾法庭」衍生而來，同時包含陪審員和法官兩種意義。「民眾法庭」是一個沒有律師的民主機構，負責主持審理過程的法官只是業餘者，不曾受過專業訓練。他們的任期為一年，一生只能擔任一次，案件僅涉及行政，與法律實質無關。在雅典，法律不是專業領域，也不存在「法律專家」這個特殊階級，當時也沒有法律來指導案件的審議程序，一切依據陪審員制定的規則辦事，也就是說，在每個案件中，誰對誰錯都是這些人說了算。

◆陶片流放制：驅逐煽動者的手段

從以上這些安排來看，雅典公民對於議會內部或外部的操縱非常敏感。雅典雖然沒有政黨或是定期選舉，但是為了制衡權力，人民依然想出許多不同措施，例如：如果公民認為某條法律或是草案的擬定過程太過草率，違反了既存法律，便可在宣誓後提起訴訟。另外，為了阻止煽動者、密謀家和暴君的崛起，雅典建立了陶片放逐制（ostrakismos）：如果贊成驅逐的公民人數達到最低門檻，則可將不受歡迎的領導人物驅逐，十年內不得回到該城市，被驅逐之人也有十天的時間可以打包行李。因為陶片放逐制的啟發，現代人立下法律，規定每個職位的有限任期和連任規定。希帕波魯斯（Hyperbolus）*是個煽動者，他曾於西元前四一六年被放逐到薩摩斯島（Samos），但幾年後卻在那裡遭到謀殺，因此集會不再訴諸陶片放逐制。

西元前五世紀，雅典公民針對阿里斯泰德斯（Aristeides）、特米斯托克勒斯（Themistokles）、基蒙（Kimon）和伯里克里斯（Pericles）舉行陶片裁判。

陶片放逐制曾是捍衛民主免遭濫用的辦法，這個單字本身的意思是「陶片裁判」，黏土（ostraka）製成的陶片或瓦罐碎片是最便宜的書寫材料，可當作載體。陶片放逐制會制裁那些遭懷疑是、對權力貪得無厭的公民，也就是所謂的煽動者。雅典每年會舉行一次大會，討論公民之中是否有人將來可能變成煽動者，但這場大會說穿了不過是選出誰最不受歡迎的競賽。在六千名法定人數中，如果大多數公民判定煽動者確實有問題，那麼就會在大會舉行前敲定聽證

* 古希臘政治人物，活動於西元前五世紀。他被視為雅典在伯羅奔尼撒戰爭中敗給斯巴達的主要因素，所以受人攻擊並流放。他的名字在希臘文中意為「說話誇大、偏離事實」。

會的日期（通常會在兩個月之後）。陶片放逐制規定，無論候選者是誰，只要獲得最多票數，就是該年度被驅逐之人。這個結果與當事人友方和敵方的利益息息相關，因此第二輪投票的投票率通常很高。在這種時候，整個集市都瀰漫著緊張的氣氛。為了確保議事的過程保持平和，最終投票前的討論十分短暫，一番言語交鋒之後便在集市上用柵欄圍出一大塊空地，讓大家進行投票。投票結束後，為了杜絕弊端，公民必須留在柵欄內，等到計票結束、公布被驅逐者的名字後方得離場。陶片放逐制的投票過程遵守一人一票的原則，最終只會放逐一人。

◈貴族是民主之敵

回顧集會式民主的時代，民主的出現顯然引起了巨大的騷動和強烈的反彈。畢竟當時的政治仍由擁有地產的貴族掌控，這些貴族一方面彼此傾軋，一方面又與服膺民主的對手展開鬥爭。這個自詡貴族的階級對民主深惡痛絕，因此他們提到民主這個詞時必然只有罵聲。他們厭惡集會，提到民主相關的話題時，他們堅信雅典已經誤入歧途，竟然笨到將權力交到一個自私自利的無知團體手中。貴族既鄙視又畏懼狂躁的戴模斯，認為他們不過是一群無知且激動的窮人，沒有地產，卻空有渴求政治權力的野心。在貴族眼裡，戴模克拉蒂亞（Dēmokratia）便是操弄、詭計和暴力的同義詞，因此必須掛上負面標籤。

為了了解貴族的思路，請先分析kratein這個動詞。如今，我們通常把kratein和拉丁文動詞regulare連在一起，翻譯成「統治」或「施政」，但其實kratein的原意較為殘酷。Kratein其實是雅典軍事部署和征服行動領域的術語，意為「掌握」、「支配」、「控制某人或某物」、「擁有」；現代希臘語中，這個詞的意思演變為「保持」或「持有」。複合名詞dēmokratia中，kratos係指威勢、力量、勝利（尤指訴諸武力所獲得的勝利）。現代語言中已經沒有dēmokrateo這個動詞，但該字原意為「掌握權力、控制他人以實現民主化」。因此，在某些敵視dēmokratia的雅典人眼中，這個詞的含義正好與現在我們知道的意思相反。

現代人稱讚民主時通常會提到自由、公平選舉、協商後和平分享權力，以及基於法律、尊重他人尊嚴的平等。但對那些仇視dēmokratia的少數雅典人而言，民主政體是一種威脅、是暴民政治，終究會帶來災難，因為粗鄙的人民專橫跋扈、一味追求自身利益。貴族堅信，人民並不關注普遍的共同利益。民主的女性形象即是強

西元前三八七年，反對民主的柏拉圖在雅典城牆外創立一個哲學學院。學院中的學者大多認同柏拉圖的觀點：民主是無知之輩所施行的統治，無序而且危險。

調了戴模克拉蒂亞（dēmokratia）的語意：人民（dēmos）擁有威勢（kratos）。貴族認為，民主就像狡詐的女性，以詭計和武力來打擊對手。

柏拉圖認為民主這個粗暴的詭計由權力欲望觸發，成為玩兩面手法的政體：「群眾不是透過武力，就是用共識來統治地主」[9]。在柏拉圖看來，民主只是一個噱頭，摧毀了良善治理，以迎合無知的窮人。柏拉圖將民主比喻成一艘船，但船上的水手太過愚昧，不僅否認專業的航海術，還認為舵手一無是處、只會看星星。柏拉圖甚至將民主比喻為「劇場統治」（theatrocracy）：如果無視政治規律，讓平民有資格侃侃而談，到頭來只會變得裝腔作勢，無權者受到巧言誘惑，有權者則愈發無法無天。Dēmokratia是一種虛假統治，因為人民表面上似乎是統治者，實則為被統治的人。

柏拉圖的觀點提醒我們，雅典時期的哲學思想是反對民主的，怨恨民主所培養的平等、應變能力和公共開放精神。撰寫民主相關文章的哲學家不僅有錢有閒，還遠離政治生活的紛擾。但民主精神要求公民致力於公共事務，雅典的民主人士因此無暇撰文捍衛自己的價值觀，只能任由敵人抹黑民主。貴族和哲學家設法貶損民主人士的聲譽，使其無法為自己辯解、話語權也被剝奪，實際成就也被抹去。

支持雅典民主的人不信任書寫，或是從未以書寫作為工具，但民主的對手壟斷了所有的書面歷史資料。因此，雅典時代並沒有偉大的民主理論家，書面歷史資料中，一旦論及雅典民主，常常對民主的新穎之處表示敵意，尤其反對民主挑起公眾對富人統治的抵制。雅典的民主人士從未將自己的辯護訴諸文字，他們堅信自己的獨創性、受到女神庇佑，但低估了被後世遺忘的風險，因此付出了沉重的代價。在歷史紀錄中，民主人士只能任憑一心想毀滅民主的貴族階級擺布，但貴族階級陰險至極，他們不希望任何人記錄民主人士的言論，任其流傳後世。

專門研究雅典古典時代的學者妮可·洛羅曾問：「有沒有哪種『民主的方式』可以用來談論民主？」她以對民主敵人的批判性分析，以及對雅典古典時代之神話、政治和性別文化的獨創性描述而備受學界推崇。

◈帝國的狂妄自大

除了文字，反對民主的人士進行了一連串猛烈攻擊，包括西元前五世紀末的兩次戰爭。雅典和盟邦聯手，對斯巴達發動了長達三十年的伯羅奔尼撒戰爭（西元前四三一至四〇四年），這期間曾經發生過兩次政變，民主政體因此短暫中止。兩次事件都以奪權派的人數命名，分別是西元前四一一年的「四百人政變」和西元前四〇四年的「三十人政變」。在民主故事中，地主階級一再出現，他們通常是藏在行動幕後，支持偏袒富人的流氓政府，和現代一樣。因此，**雅典民主人士明白，面對「誰該得**

到多少、何時得到以及如何得到」的問題時，人人都該當心。政治之下總會有失敗者，尤其當某些人開始貪求權力。雅典民主人士深信，神祇會懲罰一味追求豐功偉業、把權力當賭注、為追求利益甘冒一切風險的國王、暴君和領主，讓他們遭受報應，最終走向崩潰與毀滅。雅典民主人士稱這種貪婪心態為「狂妄自大」，狂妄自大之人會受到懲罰，走上敗亡之路。所以民主人士認為爭逐金錢、名譽、物品或權力的欲望實在愚不可及。

認識到專制權力的危險，民主人士又發現了一個令人不安的問題：雅典城邦迅速崛起，成為有史以來第一個民主帝國，神祇卻沒有降下懲罰，難道祂們選擇視而不見？

截至西元前四五〇年，雅典至少擁有一百六十個附庸國。雅典人因此認為自己優於某些小國，也比波斯統治下的亞洲更強大。他們為民主感到自豪。雅典的勢力不斷擴張到境外，結果落得自命不凡、愛管閒事（polypragmon）的名聲，這也成為民主的代名詞。修昔底德曾經提起伯里克利（Pericles）於伯羅奔尼撒戰爭開打時發表的〈國殤演說辭〉，據說伯里克利自豪地吹噓道：「我們世世代代皆定居於這片土地上。英勇的祖先留給我們一個自由的國家，以及現在所擁有的帝國。」

我們的政體並未襲用任何鄰近國家的法律，我們卻是其他國家仿效的對象。我們的體制之所以稱為「民主」，是因為國家是由多數人治理，而非掌握在少數人手中。……我們的國家積極有為，從港口引進了來自全世界的產品。……我們的作戰訓練體系也比對手優秀。……我們把財富視為行動的機會，而非吹噓的話題。……我們認為，不關心公共事務的人並非欠缺雄心大志，而是一無用處。雅典人會針對公共問題做出決定，或至少盡力理解那些問題。我們相信辯論不是行動的障礙，未經辯論即行動才是真正的障礙……簡言之，我認為雅典就是整個希臘的學習對象[10]。

「雅典是整個希臘世界的學習對象」逐漸傳播開來。因為這個信念，大眾認為軍事實力是公民的美德，並認定民主和軍事功績屬於一體兩面。為了維持權力，帝國需要動員軍隊，但是作為回報，軍隊期望在政府裡占有一席之地。一開始，雅典軍隊需要自行籌措資金，富裕的公民通常擔任騎兵，他們要自備馬匹和馬鞍。重裝步兵原來由較為貧窮的人擔任，但隨著愈來愈多的重裝步兵改任輕裝步兵，他們開始想要參與政治，這些訴求也變得無法反駁。另外，民主派提倡的解放讓雅典海軍的勢力和影響力提升，海軍船員大多由最貧窮的公民「塞特斯」（thetes）擔任，他們便以此為由，要求享有與其他同胞一樣的平等地位。一時之間，海洋與民主彷彿成了孿生兄弟。戰爭中，死神的魔掌不會饒過任何人，因此每個人在戰場上都是平等的。戰爭鼓勵公民付出辛勞、贏得榮譽、強化男子氣概（aretē），也有助於驅散伯里克利在〈國殤演說辭〉中提到的「憂鬱」。戰爭賦予了不可撼動的生命意義，排除悲觀。人類不再只是陰影中的陰影，生命不再短暫如終將被黑夜吞噬的白晝。

帝國還為雅典人帶來財富，這些財富用於維持政府機構的運作，以及貼補徵召大量雅典男性入伍的開銷。少數國家和雅典進行談判，提供可編入雅典艦隊的船隻，以此維持名義上的獨立。西元前四四〇年代，帝國要求疆域之內的城市每年納貢，經過樞紐港口比雷埃夫斯（Piraeus）的貨物也都要支付關稅。

帝國的財富讓雅典民主漸漸茁壯。直至今日，歷史學家仍然針對帝國財富的影響程度不斷爭論，但可以確定的是帝國帶來了一個最大的影響：軍隊的權力日漸擴大。雅典人是優秀的民主派，但也是超凡的戰士。在西元前五世紀，平均每三年雅典就有兩場戰爭，雅典人的和平日子不曾超過十年。西元前四五〇年代，雅典引入

西元前五世紀中葉，雅典帝國正處於鼎盛時期，現在的義大利南方、土耳其、北非和中東海岸等地區皆為雅典帝國當時的殖民地。

雅典與斯巴達的二十八年戰爭第一年末，伯里克利發表著名的〈國殤演說辭〉。歷史學家修昔底德描述當時的情景：「屍體都下葬後，善提菩斯（Xanthippus）的兒子伯里克利登上台階，讓眾人都可以看到他、聽見他。他在台階上發表了演說。」

募兵制，戰爭開始主宰雅典人的日常生活、文化和政治。公民身分以及兵役漸漸融合，民主的精神和制度也染上濃厚的尚武氣息。

◈集會式民主時代的崩潰

回顧歷史，對雅典來說，**民主和武裝力量的結合是個大錯**。西元前五世紀，雅典帝國進入鼎盛時期，這時卻開始限制國內的政治自由。帝國縱容煽動群眾的行為，群眾選出來的軍事將領地位過於崇高（如基蒙和伯里克利），甚至有權連任數個任期，這實在非比尋常。這些戰場上的武夫獲得群眾授權，可以中斷集會程序，優先安插自己的事。他們握有大權，可以決定城市的命運，也不受政黨或法律的制約。這些人通常舌燦蓮花，擅長以花言巧語籠絡人心。西元前四五四年到四二九年，伯里克利將自己比擬成雅典的聖船薩拉明尼亞號（Salaminia）*，以此培養個人魅力。他的任期長達二十五年，卻只在公共事務十分緊迫、需要及時關注時才會出席議

* 古代雅典人專門用在神聖儀式上的船艦，今日學者稱之為「雅典聖船」。

會。修昔底德等人曾經抱怨，伯里克利難得出現在公眾面前，言行舉止卻像個傲慢的君主。面對前來悼念戰死士兵的哀悼者，伯里克利說：「所有渴望統治他人的人，注定不受歡迎，還會招致忌恨。」接著，他語帶挑釁地補充道：

記住，你們的國家是世界上最偉大的國家，從來不會在災難中低頭。比起其他城市，它在戰爭中付出更多生命和心血，贏得前所未見的強大力量。……在後世的印象中，我們統治的希臘人比其他城邦更多，我們曾對這些城邦的盟軍或獨立軍隊發起規模最大的戰爭。無論是資源還是規模，我們都住在一個無與倫比的城市。

這位偉大領袖的發言預示了雅典的民主實驗即將結束。雅典持續衰落，挫敗常常被偽裝成勝利。為了支持帝國，政治生態漸漸變得軍事化，雅典也開始作繭自縛，變成帝國內外都羨慕和嫉妒的對象。在國內，雅典釋放出被稱為妄想（ate）的負面力量。西元前四五一年通過一條限制性的法律，規範僑胞和被解放的奴隸不得成為雅典公民，因為雅典人將這些人視為內敵。每個可供調遣的公民都數度被強制徵召為海軍或陸軍，以便與鄰近的城邦作戰。議會頒布了另一條法律，剝奪逃兵或躲避徵兵者的公民身分。

民主與武力的毀滅性結合帶來更廣泛的地緣政治影響，對小型民主國家而言實在是壞消息，愛琴海的梅洛斯島（Melos）即為其中之一。西元前四一六年至四一五年，雅典包圍梅洛斯島，因為這次的封鎖行動，梅洛斯島的食物來源被斷絕，內部開始失和、發生叛變，梅洛斯島最終只能無條件投降。雅典的民主派立即消滅當地政體，並且假借民主之名，處決所有役齡男子，婦女和兒童則被賣為奴，嬰兒和老人留下，給當地的狼群享用。很快地，雅典派出五百名公民前往定居，梅洛斯島自此成為雅典的殖民地。民主統治被暴行和鮮血玷汙了。

從梅洛斯島一事來看，我們能學到什麼？首先，民主國家可能是善戰的，能對鄰國施加暴力。另一方面，對雅典而言，暴力是把雙刃劍。暴力鼓勵敵手追求最終勝利，迫使雅典屈服，以鮮血淹沒虛偽和自大狂妄。

西元前三五九年，裝備精良的馬其頓軍隊來犯，在菲利普二世的領導下，雅典被迫投降。喀羅尼亞戰役（Battle of Chaeronea）中，三萬兩千人的馬其頓大軍在雅典西北方的維奧蒂亞（Boeotia）擊潰了雅典的民主派和盟友。西元前三二二年，希臘人發起拉米安戰爭（Lamian War），反抗馬其頓的統治，卻被馬其頓人鎮壓，再次承受災難性的挫敗。因為這次失敗的叛亂，雅典不得不付出更高的代價。根據協議，馬其頓的軍隊直搗雅典，並迅速用寡頭統治取代了民主政府。約一萬二千到二萬二千名公民被剝奪了選舉權；一些人被流放到偏遠的色雷斯；著名的民主人士遭到處決，包括希佩里德斯（Hyperides）、德摩斯梯尼（Demosthenes）等人。

民主派多次試圖奪回雅典的控制權，但最終馬其頓人總是重新征服雅典。西元前二六〇年，馬其頓國王安提哥努斯．戈納塔斯（Antigonus Gonatas）命令軍隊再度占領這座城市。從此，古代世界中最強大的集會式民主制度和理想消失了。

Part II

選舉式民主

ELECTORAL DEMOCRACY

如果民主的歷史進程除了時間推移之外一切都保持不變，那麼本書也該進入尾聲了。然而值得慶幸的是，民主的歷史並非如此。故事將發生驚人的劇變，民主的第二個歷史階段——選舉式民主就此誕生。

集會式民主出現在中東、腓尼基和希臘世界。大約從十二世紀開始，民主進入了新時代，發展的重心地區在大西洋區域，從歐洲海岸一路延伸到巴爾的摩和紐約，再擴張到加拉卡斯、蒙特維多和布宜諾斯艾利斯。這裡見證了對民主的全新理解，人民自治政府以任期固定的選舉代議人士為基礎，主要任務為造福人民。這裡也見證了新型機構和新文化的發明，例如議會、成文憲法、政黨、投票所和開票所、獨立出版商和報紙，這些發明都是為了支持定期選舉。正如下文所言，選舉式民主鼓勵了遭受壓迫的民眾，讓他們萌生希望。人民期望開創一個治理得更好的世界，沒有傲慢，也沒有欺侮。然而，在民主的制度中，除了內部的矛盾，還有出於驚懼而激烈反抗的反對者。

隨著西班牙北部議會的誕生，漫長的新型民主時代就此開始，但在一九二〇和三〇年代，血腥戰爭、革命、獨裁和極權統治勢力幾乎摧毀了全球的代議制民主，這個時代不得不在悲傷和遺憾中宣告結束。到了一九四一年，世界上只剩下十幾個選舉式民主國家。但在長達八世紀的歲月中，許多了不起的事情不斷發生。

◈代議制的目的：造福人民

為何第一種民主階段和第二種民主階段之間有一段漫長的過渡期？美國前總統托馬斯・傑佛遜於一八一六年夏天寫了一封重要的信，回顧政府和政治思想的變化，他斷言：「選舉式民主的興起徹底改變了現代世界。」傑佛遜認為，古希臘人雖然對選舉代議制的原則一無所知，但其實集會式「直接民主」需要「代議」機構的保護，並培養公民的意志。根據傑佛遜的說法，希臘人不曾想到，公民如果無法親自到集會處理事務，他們有權委託他人代為處理。無論是演說家和政治思想家，所有的希臘公民都不曾發現，他們不是一定要在人民自治和寡頭政治做出選擇。

傑佛遜說，當代最關鍵的新發明是美國和西歐等新式自治共和國的創立，這些國家以定期選舉為基礎。他並未提到選舉活動期間的脫序行為，例如買票、槍擊、喧囂叫罵以及喝到爛醉的遊行民眾；他也未曾提及，自己身為奴隸主，堅定地認為自由黑人能夠參與的多元種族社會不可能存在。但傑佛遜也得出以下結論：「無論過去或現在，我們仍持續實驗著民主和代議制的結合。」**代議制是全新、史無前例的產物，為「人民」提供「自我保護的方法，也避免自私的統治者變得不受控制」**。除此之外，選舉式民主的實驗「幾乎讓之前關於政府結構的論述變得毫無用處」[1]。

這番大膽的發言引出一些重要且棘手的問題：繼希臘時代，「民主」一詞被賦予了新的含義，但這個轉變究竟是何時、何地出現的？「民主」又是如何重新被定義為選舉式民主？「民主」如何在各大洲扎根？為什麼「民主」在發源地歐洲的政治試驗——選舉式民主——最後失敗了？最重要的是，當時促使選舉式民主興起的社會環境相當獨特，但那個環境是否已成歷史？現代世界是否不再適合以選舉為中心的民主政治？

◈選舉式民主：源起中世紀歐洲

馬克吐溫在《頑童歷險記》（*The Adventures of Huckleberry Finn*）的序言中寫道：「企圖在敘述中尋找動機的人將被起訴；企圖尋找道德觀的人將被驅逐；企圖尋找

情節的人將被射殺。」選舉式民主之誕生和發展和馬克吐溫的小說情節不完全相同，卻同樣曲折又離奇。

選舉式民主的起源非常複雜，從選舉術語可見一斑。傑佛遜指出，一直到十九世紀初，人民認定「自由、公平」的選舉是新民主的核心和靈魂。選舉的相關詞彙其實來自多種語源。選舉（election）一詞源自拉丁語，意為「選擇、從幾種可能性中挑出」。選民（electorate）是集合名詞，詞源比較新，第一次出現於一八七九年。在此之前，一般都用選舉人（electors）。「投票權」的英語是franchise，但在十三世紀，franchise最初的意思是「特權、權利」或「自由、免於奴役」，後來轉指「免受起訴的法律豁免權」，並衍生出幾個新的含義，包括「授予權利或特權的行為」（如君主授予免遭逮捕的權利）、「選舉權、投票權」，以及「可在特定區域內銷售或交易產品的企業許可證」。

接下來是代表、議員（representative）之類的詞。Representative源自拉丁文repraesentare，亦即描述、繪製或展示，但其後來的含義為「獲選為他人行事的代表」。該詞可能來自早期的伊斯蘭世界的「瓦基爾」（wakīl），意為「受委託之人」，負責處理委託人在遠方的法律、商貿和宗教事務，這是相當常見的名詞。wakīl亦是真主的一個名字，意即「可信賴的」。此外，投票一詞（votum）源自拉丁文，十四世紀引入英語，意思是「希望或祈願」和「允諾或奉獻」，西元一六〇〇年左右，該詞的意義在蘇格蘭進行轉變，意為「在選舉中表達抉擇」。民意調查的英文Poll可用來描述投票的行為，但在日耳曼語系的古荷蘭語與現今某些方言中，Poll指「頭部」。在十六世紀末，Poll是算人頭進行投票的文化，以此取代由候選人支持者喊聲大小決定獲勝者的做法。候選人（candidate）一詞則源於羅馬共和國時代的candidatus，意即「穿白衣的」，專指身著白長袍、爭取成為參議院（具治理和諮詢功能的貴族議會團體）議員的政治人物。

從選舉術語來看，選舉式民主的起源相當複雜，這不是一般人想像中的「現代」發明，反而是歐洲中世紀的產物。誠如學者大衛·朗西曼（David Runciman）所言，選舉的起源並非學術界分析的「現代化」過程，也並非立基於「現代民族國家的出現與發展」[2]。選舉也不是政治學家法蘭西斯·福山（Francis Fukuyama）主張的「十八世紀美國獨立革命的後裔」。過去兩個世紀間，卡爾·馬克思（Karl Marx）、哈羅德·拉斯基（Harold Laski）、卡爾·施密特（Carl Schmitt）等政治作家認為選舉是貴族的傑作、「資產階級崛起」，或自由主義的表現，但以上皆非。選舉式民主由大西洋區域

《選舉夜的篝火》（繪製於一九二八年）。這幅畫反映紐約藝術家格倫・科爾曼（Glenn O. Coleman）所說的「瘋癲之美」（mad beauty）。在那個政黨領袖和企業肥貓主導的時代，參與投票的工人階級常常顯得興奮又粗暴。

多種勢力和事件交織而成，這個意料之外的結果既非預定，也非不可避免。民主的誕生、存續、變異和消亡違背了簡單公式和普遍規律。令人著迷的是，選舉式民主幾個關鍵制度的發明者通常瞧不起「民主」，也覺得自己發明的制度與「民主」沾不上邊。

選舉式民主制度逐漸成形的過程中，君主、僧侶、牧人、婦女、政治家和貴族等人做出許多貢獻，工匠、共和黨員、神職人員、放貸人、城市居民、農民、士兵、出版商、虔誠的穆斯林和敬畏上帝的新教徒亦是如此。選舉式民主受益於古希臘世界的集會式民主，此種民主的原則和實踐中保留了「民主即為眾人自治」的理念，例如選民享有公開集會的自由與權利。

代議的準確意義是什麼？誰有資格代表、他們又代表誰？如果代議人物辜負選民，選民應該採取何種補救措施？在整個大西洋，這些問題曾激起針鋒相對的討論，民選政府的優點也引發了激烈的爭論。但對這個時期數百萬的選民來說，由民選代表所組成的政府多少是有魅力的，大家相信代議制度可以帶來更美好的生活。

一六一九年，立法議會市民院（House of Burgesses）舉行第一屆會議，地點位於英國當時殖民的維吉尼亞州詹姆士敦（Jamestown）。

◈代議制政府：選出代表來為人民履行權利

雅典民主消失後，好幾個世紀以來，集會議事的傳統仍在大西洋區域蓬勃發展。羅馬共和國的統治者定期召開稱為 contiones 的公開會議，這個習慣一直持續到西元前二十七年。法羅群島（Faroe Islands）和冰島也恢復集會，九三〇年左右，冰島每年仲夏時都會召開一次會議，當地稱為 al-thing 或 alping。瑞士各州也由公民大會治理，當地人稱之為 landsgemeinde、talschaft 或 teding。十七世紀初，富有的新教徒兼奴隸主在英國的美洲殖民地（例如維吉尼亞）參加並主導集會。

因此，從集會出發的民主並不是停駐一陣子後旋即改為選舉式民主，而是經歷了突破、挫折、戲劇性的動盪，以及緩慢的崩解過程。當時定期選舉的擁護者似乎不曾理解，自己的行動已經長久地影響了民主的意義。

「代議制民主」（representative democracy）一詞的發明即是經典例子。十八世紀末，制定憲法的人、政治作家和公民首次以該詞來指稱「經民眾同意而建立的新型民選政府」。這個名詞的來源如今已不可考，但似乎有英、荷、法、美的成分。說來奇怪，使用這個詞的人經常不理解其含義，也不明白其歷史意義。十八世紀，夏爾·路易·德·塞孔達，孟德斯鳩男爵（Charles-Louis de Secondat, Baron de Montesquieu）曾擔任過波爾多議會的副議長，家境富有的他曾在一七四八出版《法意》（*The Spirit of the Laws*）。他在書中指出，在民主國家，「人民擁有最高權力，應該在自己力所能及的範圍內管理一切事務」，但是「超出能力所及的事務還須由部長操持」[3]。

部長是什麼？把人民的事務託付給部長處理又是什麼意思？法國貴族阿爾讓松侯爵（Marquis d'Argenson）曾在路易十五時期擔任外交部長，他最適合回答這類問題。他是第一個梳理「部長」含義的作家，並創造了一個新的定義：「民主即為大眾代議」。阿爾讓松提及「假民主」和「真民主」的區別：

假民主很快就會陷入無政府狀態。這是一群反叛、蔑視法律和理性的烏合之眾，一舉一動充滿暴力，議事時左搖右擺，從中可看出這種政權的暴虐專制。但真民主則要經由選舉，候選人才能獲得代表的身分和代為行事的權力，他們肩負使命、手上握有權力，也就是所謂的公權力[4]。

他認為不必害怕民主，因為民主並不等於暴民統治。因為這段離經叛道的發言，王室當局禁止出版這篇作品，在他死後，這本書以手稿的形式祕密流傳了三十年後才得以付梓。

其他人很快開始探索民主與「選舉授權代表」之間的關聯，並且加以推廣。很快地，他們的成果跨越了大西洋，傳遍美洲大陸。在大西洋彼岸，美國新憲法的起草人兼之後的總統詹姆斯．麥迪遜（James Madison）卻對「民主」這個詞表示輕蔑。不過他承認自己見證到美國政治實驗的新奇之處，亦即「大多數公民透過選舉將施政權……委託給一小群公民。[5]」亞歷山大．漢彌爾頓（Alexander Hamilton）可能是第一個將「代議」和「民主」連在一起的美國革命家，他甚至曾經在不了解其含義的情況下使用「代議民主」這個新造詞組。說來詭異，「代議民主」可說是民主史上最寶貴的術語之一，但漢彌爾頓彷彿在夢境中創造出這組新詞。他對人民握權一事懷有敵意，並譴責那是由「不可治理之亂民」所主導的政體，「暴虐」又「畸怪」。然而，在《獨立宣言》發表後不久，漢彌爾頓卻又否認「庶民政府天生就不穩定」的說法。他表示，如果政府採用「代議民主」，選舉權可以獲得充分保障和監督，並由人民**實際**選出的代表行使立法、行政和司法等權力，這種政府「合宜、有序且持久」[6]。

博學的律師詹姆斯．威爾遜（James Wilson）是蘇格蘭裔長老派信徒，並協助起草一七八七年的《美國憲法》，他曾經直白地表達出同樣的觀點。威爾遜指出，美利堅合眾國的新聯邦憲法有兩個不尋常的地方：一方面，「人民不可能集體行動時才需要代議制」，因此這個新國家是「純粹民主的」（purely democratical），因為「公權力一概源自人民代表，民主原則被貫徹到政府的每一部分」[7]。

以上是單純從理論角度重新思考民主的論述。民主是一種治理方式，選民要在至少兩個選擇之間拿定主意，選出以捍衛人民利益為目標的統治領袖。出生於愛丁堡的下議院議員亨利・布魯厄姆爵士（Lord Henry Brougham）主張自由貿易、廢除奴隸制度並賦予中產階級投票權，他把代議制的原則解釋得一清二楚。他曾說過：**「在一段有限的時間內，人民應該放棄自己的權力，並託付給自己選出來的代表，這就是代議制的精髓。如果沒有這道程序，人民應該自己行使治理權，但經由轉移，代表會代為履行。[8]」**

◈以任期限制來制衡民選代表的權力

好奇的讀者會問：為什麼有人將「民主即代人民議事」的新思維視為集會式民主的進步？

歷史學家通常有個標準答案：基於領土的考量，在疆域遼闊的國家或帝國內，選舉式民主是一種切實可行的解決方案。由於有些地方的距離很遠，公民很難聚在一起面對面議事。然而，選舉式民主還能滿足一個更急迫的需求。托馬斯・傑佛遜堅信，在代議制民主的框架下，「代表的任期是固定的，占據職位的時間不能太長，否則即是妨礙他人在同一職位上議事的權利」[9]。根據這個觀點，十八世紀末至十九世紀的政治學家、憲法制定者、記者和公民提出了許多精妙的關鍵論述。

其實傑佛遜擁護的是以政治領導者（political leadership）為中心的選舉式民主。他認為民主與君主制或專制政治有所不同，因為處理複雜的政治事務時，民主需要民眾領袖的指導、啟發和支持。真正的領導者之所以能領導，是因為人民尊敬他們，

約翰．凱斯．舍溫（John Keyse Sherwin）的諷刺版畫《政治家》（*The Politician*），繪製於一七七五年。該畫脫胎自英國藝術家威廉．霍加斯（William Hogarth）的素描。作品中的人物是舍溫的朋友埃比尼澤．福雷斯特（Ebenezer Forrest），近視的福雷斯特是蕾絲製造商兼政治家，畫中他正在閱讀報紙，但因為心不在焉，燭火燒到了帽子。

而不是因為他們牽著人民的鼻子走。不過，他接下來立刻指出，代議制民主將統治權賦予給領導者，但也可能審判、挖苦他們，或是和他們開玩笑，並威脅將違法亂紀之徒趕下台，因此讓領導者不得不誠實工作。**代議制民主還提供了一種補救方法，讓公民得以擺脫那些說謊、欺騙、推諉、誇大、煽動群眾的糟糕領導者。民選代表只是暫時擔任職位的人，他們和未經選舉的君主以及渴求權柄的暴君不同。**代議制追求和平和穩定，人人都能再次競選公職，不僅為政治異議者創造空間，也確保政體之中沒有格格不入的人，避免內戰的發生。

選舉式民主的支持者主張，選舉式民主除了規範領導者必須依據約定進行職務，也承認了社會分歧和衝突是合法的。傑佛遜的政界密友托馬斯·潘恩（Thomas Paine）很了解這一點，潘恩曾寫出十八世紀多本最暢銷書籍，其中包括一七九一年《人權》（*Rights of Man*），他在書中寫道：「如能施行代議，古代雅典應該能超越自己的民主。」他排斥君主制及統一政治實體（unified body politic）這種落伍的觀念，大力支持「立基於民主的代議制」，他認為這個新的治理方式可以容忍異議。代議式民主優於古代雅典的「簡單民主」，因為當時雅典人民承受著追求和諧的壓力，社會的多樣性和分歧的政治觀點成了人民統治的障礙。相較之下，選舉式民主反對雅典「分歧並非民主、政治實體不應該分割、應由人民可靠的意志加以指導」的想法，並將社會分歧和政黨競爭合法化。潘恩解釋：「一個國家不是人的整副身體，而是多個圓圈組成的主體，這些圓的共同中心點就是代議制。」[10]

這個觀點重新審視掌握政治權力的機會和危險，新穎的同時也十分振奮人心。這個理論成為多黨制定期選舉的哲學基礎。多黨競爭最早出現在一八二〇年代的美國，也是選舉式民主的一項核心發明。政黨曾經一度被汙衊為危險的「派系」或「陰謀團體」，但現代人都知道，政體難免會因為不同的意見和利益而產生實質上的分歧，政黨內部也是如此。政黨的功能不只拉攏選票，還會表達不同意見、制定政策、提高識字率、為支持者提供工作和福利，並培養擔任職務的政府代表。

在選舉制民主這種非比尋常的政體中，政黨還能讓「公民社會」（civil society）這個非政府組織蓬勃發展。公民社會的原則非常現代：理性的公民社會由企業、工會、教堂、酒館、餐廳、科學協會和印刷廠等機構負責運營，公民社會提供空間，讓公民團結起來，追求和保護自身的利益，人人雖然過著不同的生活，但都是自由的、平等的。公民與政府保持距離，因為公民握有投票權，能選出代表政黨的代議人士，因此政府須時時保持警惕。

選舉式民主的早期擁護者堅信，「人民」從來都不是同質的，如果沒有疏通歧見的管道，民主就不可能存在，因此世界上不該有喬治三世這類愚昧的君主。代議制政府抨擊「高貴血統和優雅舉止乃是治理良方」這種謬論，代議制政府認為，既然政治上談到「人民」時往往只是空洞的抽象概念，那麼最好的方法是敦促可靠的領導人物，在強調政治妥協的良好治理原則下，同時以非暴力的方式公開傳達不同的利益和意見。

十八世紀代議制的推崇者也提出一個務實的理由。他們認為，**就算所有公民都有時間、有財力，也不可能親自做出所有決定。因此，代議制民主便成為了解決問題的具體方法。**只要公民可能受到某個決策影響，就有權利參與這個決策制定和實施過程，這個權利絕不可被剝奪。然而，大部分人認為這個原則太像古代雅典時期，也行不通，因此治理的任務必須託付給人民選出來的代表。這些任務包括監督公庫支出，代表選民向政府和官僚機構提出申訴或抗議。他們針對問題進行辯論、制定法律、代表人民執政，並確立外交政策。潘恩也呼應了阿爾讓松的觀點：「起初，簡單民主只不過是古人的集會。隨著民主政體的人口不斷增加、領土不斷擴大，簡單民主變得笨拙且不切實際。」但如果在簡單民主的形式中加入代議制，

「我們會得到一個既能涵蓋各方利益，又能兼顧各地區和各群體的政府制度[11]」。

想像力的飛躍是十分驚人的。因為傑佛遜和潘恩的卓見，民主的內涵迎來劃時代的改變，但這又產生了新問題：選舉式民主何時發生？又是如何發生的呢？為了找出答案，讓我們暫時回到十二世紀，也就是選舉民主的核心機構——議會誕生的年代。

◈萊昂議會：史上第一個議會

議會是新型態的治理機構，來自各地、代表各種社會利益的代表齊聚於此，主要任務是制定法律。那麼議會最早出現在哪裡呢？有些人只相信英國起源說，強調議會是「英國人送給世界文明最可觀、價值最高的禮物」[12]，但這個看法並不正確。事實上，議會是西班牙北部地區的發明。當年該地區是基督教復興主義爭奪權力、彼此廝鬥的場域，各個派別都想用軍事手段將穆斯林趕出這片土地。一〇九五年，教皇烏爾班二世（Urban II）在克萊蒙（Clermont）發表一篇鼓勵興兵的演說，在這個以周圍的死火山鏈而聞名的法國小鎮，一群基督教復興主義者興起宣戰的念頭。這場演說的內容沒有保存下來，但不少歷史學家認為，烏爾班二世將基督教即將面臨的災難歸因於上帝對邪惡人類的懲罰，因此呼籲聽眾要為十字架、為歐洲而戰，藉此重獲上帝的恩典。至於怎麼做才能「歡快地、自信地邁開步伐，攻擊上帝之敵」（據說這是烏爾班二世的原話），這就留待虔誠信奉基督教的君主自行定奪，其中就包括萊昂國王阿方索九世（King Alfonso IX of León）。阿方索九世是一位精明又年輕的國王，他開創了一個新的方式，成功從穆斯林手中奪回伊比利亞北部的土地和城鎮。

阿方索九世在絕望中召開了第一次議會。其實當時許多生活在西班牙北部的基督徒都對未來憂心不已。七世紀，先知穆罕默德的信眾征服了敘利亞、巴勒斯坦、埃及和北非海岸。八世紀，穆斯林揮軍攻打，直抵君士坦丁堡城下，並在征服西班牙後挺進法國南部。九世紀，羅馬曾被劫掠一空，撒拉遜軍隊占領了西西里島以及義大利南部的海岸和山脈。接著，耶路撒冷淪陷、基督教喪失非洲和亞洲的邊緣區域，基督教步上消亡的可能性加劇，教徒也愈來愈恐懼。由於撒拉遜人占領了小亞細亞和波斯，景教（Nestorian）和雅各布派教會（Jacobite church）的命脈被截斷了，阿比西尼亞（Abyssinia）的教會也處於孤立狀態。而在敘利亞、埃及等地，數以萬計的基督徒認為自己被伊斯蘭統治者徵收了歧視性稅收，也被迫承擔社會的歧視。

在阿方索九世的領導下，基督教的反擊之路就此展開。十七歲時，阿方索九世被加冕為王，他承受著巨大的軍事壓力，除了要面對鄰近王國的威脅，還有從四百年前就開始大肆掠奪土地的摩爾人。伊斯蘭軍隊的反覆侵擾差點削弱阿方索王國的財政基礎，加上穆斯林總督向該地區基督教國王獻金的舊習俗「帕里亞斯」（parias）已經消失，當局只好向教堂和市鎮徵收稅賦。但是這種措施大失民心，官員也開始接到各種請願書。

阿方索九世決定扭轉局勢，在重重困難中殺出一條生路，光復他和許多臣民認為理應屬於基督教的疆土，但這決定令全國上下驚訝不已。由於資金短缺，他向境內所有的基督徒徵稅，當時雖然「沒有代議，休想徵稅」的口號尚未廣為流傳，但各方都在盡力爭取。於是阿方索九世創建了一個代表制的議會，這在當時是不可思議又令人驚訝的舉動。但對阿方索九世來說，他的目標是保衛和擴張王國領土，就算必須因此做出政治上的妥協，甚至削弱王權，他也在所不惜。

阿方索九世首先求助於當地貴族，他們都是全力保護和擴張自己封地的戰士。他們深信，基督教君主有義務對異教徒發動戰爭，贏得戰爭不僅是教皇烏爾班二世的誡命，也可以提升自身權力，甚至宣揚基督教君主的英明。阿方索九世還發現，教會一向自詡為靈魂的守護者和上帝之土的捍衛者，發動戰爭之前，必須先取得教會主教的支持。由於該地區長期不斷遭到攻擊，具有戰略價值的城鎮（例如萊昂）築起了圍牆和堡壘防禦外敵，阿方索九世也設法吸引富有的公民來此定居。當年的文獻中，這批人被稱為「公民」（cives）或「好人」（boni homines）。他們大多是經由選舉在議會（fueros）任職的委員和領導者。這些市民不僅受過戰鬥訓練，也可以快速提供現金。

現代議會的代議制就此誕生。中世紀的貴族、主教和富裕公民構成了三角關係。一一八八年三月，就在初建於羅馬時代的萊昂，阿方索九世召開了有史以來第一次的「國會」，這比一二一五年約翰國王的《大憲章》足足早了一個世代。民眾用國王居住的城市科爾提斯（Cortes）為這個新體制命名，這個詞也意謂效忠君主、提供建言的謀士。在宏偉卻不失雅致的聖伊西多羅（San Isidoro）大教堂，戰士、教會和富人的代表們會面了。

這種場合並非宮廷諛臣的例行集會。事實上，從歷史紀錄來看，這可能是三個團體第一次的聯合會議。在此之前，君主召開的會議往往忽略各個城鎮的利益。這

聖伊西多羅大教堂位於西班牙北部的萊昂，這裡是一一八八年召開史上第一次國會的地點。該教堂以塞爾維亞（Seville）前大主教的名字命名，此人以「善治國者，方配明君之稱」的格言聞名於世。

次會議中，眾人制定了多達十五條的法令，雖然其中幾條的真實性仍有爭議，但這些法令加起來相當於具有憲法地位。國王當時承諾眾人，在戰爭與締約的問題上，必會先行徵詢並接納主教、貴族和城鎮「好人」的意見。在此之前，主教不准宣誓效忠於世俗權力，如今他們卻和騎士、市民一起承諾，必定努力追求和平與正義。與會的三方眾人確定，個人的財產和居住安全不容侵犯，大家必須尊重司法程序和議會所制定的法律。此外，國王的領地要遵循從以前傳承至今的普適化法律。最後，各方同意未來國王將繼續和三個團體選出來的代表們議事。

◈代議制政府的職責：包羅萬象

這些參加史上第一次議會的基督徒代表當然不知道自己為未來的選舉式民主時代做出了多大貢獻。萊昂議會有著深遠的歷史意義。與會各方決定推翻舊習，開會時不必重申效忠於君主的意志。此外，如果會議中發生利益衝突，那麼可以遵循公平競爭的原則達成協議，不必赤裸裸地訴諸武力，或將對手視為敵人。雅典民主認為，只有在公民都具備共同的政治意識，民主才能發揮作用；但「議會」主張，利益競爭與潛在衝突不可避免，因此一定要尋求各方的妥協。此外，議會代表相信，如果將決策者的人數限制到只有幾十名，達成協議的可能性會因此提高，但其中來自偏遠地區的人可能要忍受長途往返之苦。最後，**代議制強調，參與決策的人有權緊盯君主，並直接在國王面前捍衛臣民的利益，因此政府才能在不失去偏遠地區臣民的信任和同意的情況下進行治理。**

很快地，代議制開始風行，並迅速在整個西班牙北部扎根。接下來的三個世紀，議會變得特別活躍。

早期的議會代表並非有權有勢的美差事，議會也不是閒扯八卦的客廳，反正不是後來批評選舉式民主的人動不動就拿來說嘴的理由。早期的代議人士必須處理人民的不滿，包括戰爭行為、與穆斯林和猶太人的關係、君主的牲畜對環境的破壞、強制徵兵、任命外交官、度量衡標準和農民生活條件等繁多的議題。如果君主不考慮臣民的意願，執意強行做決定，議會往往有話直說，似乎不怕招來忌恨。君主很少能在未經議會同意的情況下請求撥款（servicio）或徵稅。議會有專門的代表和財政部門負責徵收稅金，並制定使用稅金的方法，甚至要求審計國王的預算。同時，農村地區的議會負責處理作物灌溉系統，例如加泰隆尼亞和穆西亞（Murcia）等乾旱

三方團體的代表即是後來的代理人（procuradores）。他們認定自己獲得授權，可以代表他人在阿方索九世面前捍衛委託人的集體利益。

地區的水資源裁判。此外，「牧人巡迴大會」（mestas）負責分配和協調放牧權。從各方面來看，議會不僅為領導階級的利益服務，他們也反對專橫、故弄玄虛和暴力的統治，與霸道統治和君主專制抗衡。此外，隨著代議制的需求愈來愈高，當時發展出「自由」與「平等」等民主精神，進而影響後來的代議制。

代議制政府的新措施帶來原創性及長期的政治影響。議會很快傳播到歐洲，甚至在大洋彼岸建立一個龐大機構體系。但這些實行代議制的民主政體卻各有不同。在拉丁美洲國家和美國，民選總統行使的權力獨立於議會之外；在希臘、印度和德意志聯邦共和國的議會政府，總理或總統須直接對立法機關負責；加拿大、紐西蘭和澳大利亞則選擇了由君主領導的議會政府，不過君主的權力只是象徵性的。有些國家選擇高度中央化的聯邦制（federal）代議政府，而剛獨立的美利堅合眾國和瑞士則選擇高度分散的邦聯制（confederation）。除了代議制自治政府，城市也發展出反對王權的共和派、地方選舉、市議會、獨立司法機構、禁止酷刑和監禁的命令（habeas corpus），以及未來為公民提供大眾運輸、公園、圖書館的民選政府。選舉式民主好像一本情節不連貫的書，書頁裝訂鬆散、段落分布奇怪，主要大綱也尚未完成。但在一團紛雜之中，仍能找到民主一直延續到二十世紀初的主題：由定期選舉的代表實現人民自治。

選舉式民主是一種能確實掌控權力的辦法，它證明世間一切並非周而復始，陽光之下，新事物真的會出現。但選舉式民主中「代表」一詞的含義也引發了激烈的政治爭論。革命顛覆人們的生活，導致血流成河。從西班牙北部的早期議會開始，**代議人士常因為「代表」的定義而發生衝突，有時會無視和平辯論的規定，亮出拳頭、抽出佩劍，鬥個你死我活。**代議人士是否只是選民的僕人和喉舌，所以必須受到嚴格約束？還是他們應被視為政治社群的守護者，不能受到羈絆？該不該設計一套措辭縝密、具約束力的指示（poderes）來迫使代議人士按照規定行事？是否該細細盤問從議會回來的代議人士？是否要像巴塞隆那的加泰羅尼亞一樣組成「二十四人常設委員會」（Vintiquatrena de Cort）之類的團體，密切關注代議人士的公開和私底下的生活？為了更高尚的政治利益，他們能不能拒絕選民，做出無私奉獻？在某些重要決定上，代議人士是否一定要達成一致同意？為了達成共識，是否能將不肯遷就的頑固分子又踢又罵地趕出議會？為了確保代議人士能對議事達成一致同意，阿拉貢（Aragon）議會採用「能力測試」（habilitacion）來審查代議人士，這個辦法是否高明？阿拉貢當地流傳一則笑話：每一條通過的法律難道是神蹟使然嗎？

◆人民默許政府擁有權力

代議制的政府帶來歡樂。除此之外，因為政府的權力下降，為了處理正經事物，大量的機構和做法就此誕生。其中最重要的正是成文憲法，也就是最早期的萊昂議會批准的法令。憲法相當重要，旨在保護平等原則（僅限有一定分量的人）、阻止聲稱擁有民眾授權的政府變得狂妄自大，同時防範軍隊或強大的政治派系（例如貴族、地主）奪取政權。

教會是個龐大的基督教信徒團體，其中也設有代議制機構和宗教會議。這些組織召集代表，討論信仰與秩序的問題，針對屬靈和世俗事務發布法令，其中康士坦斯大公會議（Council of Constance）最引人注目。一四一四年十一月，在施瓦比亞（Swabia）的皇城康士坦斯，也就是今日的德國南部，盧森堡王朝的匈牙利國王西吉斯蒙德（Sigismund of Luxembourg）召集六百人，康士坦斯大公會議就此揭開序幕。這場持續四年的會議吸引了大批基督徒和見證人參與。召開康士坦斯大公會議的目的是為了解決一個相當嚴重的問題：當年教會同時出現三位教皇，分別是若望二十三世（John XXIII）、格里高利十二世（Gregory XII）和本篤十三世（Benedict XIII），教會因此瀕臨分裂。他們都自稱是教會唯一的領袖，如何讓三位教皇合為一體呢？大公會議類似於近代的制憲會議或政黨會議。代表們同意選出一位教皇，但前提是，他們可以進一步參加其他會議。他們認為，議會的權力直接來自基督，教皇只是受到信任、被賦予權力，為教會的利益而努力的人。議會堅持，教皇的地位雖然高，他只負責服務教會，而非統治教會，他的治理權完全基於被治理者的同意。

十六世紀，蘇格蘭的新教喀爾文教派倡導「誓約運動」（Covenant movement）*，「權力需獲信徒的認可」的原則再次浮現。在選舉式民主的歷史，代議制是很重要的發明，但它的基本制度常常帶有基督教色彩。十九世紀的反哲學家弗里德里希·尼采（Friedrich Nietzsche）曾說：「民主運動是基督教運動的繼承者。[13]」這看法很正確。「誓約運動」概念如下：上帝是人類的源頭，祂是偉大的守望者，絕不寬貸

---

* 蘇格蘭的宗教和政治運動，名稱源自聖經中與上帝訂立的「誓約」。當時蘇格蘭人在教義和教會組織上與英國國王詹姆斯一世和查理一世產生矛盾，因此教會成員支持蘇格蘭長老會及其領導人在宗教事務中擔任首要地位。

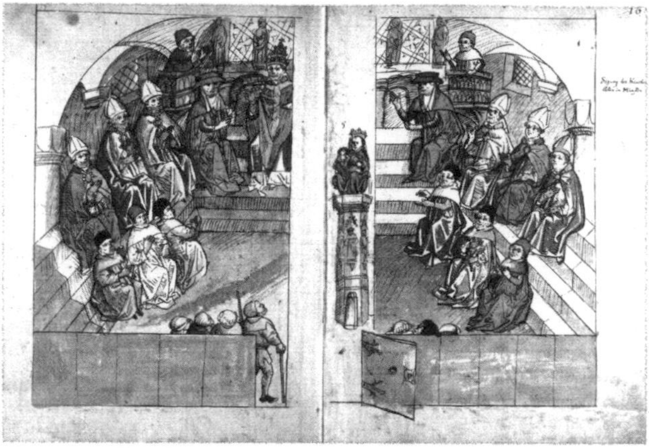

在一四一四至一四一八年的康士坦斯大公會議上，學者、主教和樞機主教與若望二十三世（教皇頭銜爭奪戰的獲勝者）辯論。

那些膽敢以代理人身分自居的凡人。為了證明絕對服從統治者的必要性，恐怖伊凡（Ivan the Terrible）說過一句名言：「大家想想，反抗權力就是反抗上帝。」無論統治者多麼愚蠢、殘忍，人民都要完全服從。但誓約運動並不想聽這種渴望權力的胡言亂語，並呼籲信徒合力約束那些自認神聖的統治者。十七世紀，格拉斯哥（Glasgow）的傳教士亞歷山大．亨德森（Alexander Henderson）曾宣導「國家誓約」，最後募集到六萬名來自各行各業的人簽署支持。他曾在某一場布道中做出論述：「每當有人開始逾越，忘記自己的從屬地位、偏離正軌，那麼在他之下的人就不會服從了[14]。」在不遠的未來，這句話嚇壞了暴君，還引發多場政治革命。

類似的論述促成了新聞自由。**新聞自由的原則是公民應該拒絕國家代議人士獨占並控制出版界。**最初，人們以基督教的詞語為新聞自由辯護。一六四四年，約翰・密爾頓的《論出版自由》（*Areopagitica*）提到，不屈不撓的忠實信徒必須天天接受考驗，閱讀刊登在書籍、報紙、小說和小冊子的魔鬼話語。後來，新聞自由成為爭取公民自由和政治自由（尤其是投票權）的核心訴求。這個訴求從北歐、愛爾蘭和不列顛群島等西歐地區傳到英國在北美洲的殖民地、上加拿大（Upper Canada）*和西班牙殖民的中南美洲。

在古代集會式民主，議會、成文憲法、代表理事會（councils of representatives）、新聞自由聞所未聞，定期投票、選舉亦是如此。古代集會中，舉手、將石塊投入罐中，或交出裁判陶片很常見，但是這種投票並非代議制。在自由且公平的定期選舉

* 一七九一年至一八四一年間的英國殖民地，以五大湖北岸為管轄區域，是加拿大安大略省的前身。因地理位置在聖勞倫斯河上游，故以此命名。

中選出代議人物是選舉式民主的核心。投票選出代議人士的歷史根源深刻且複雜，可以追溯到早期的西班牙議會以及中世紀基督教會內部的權力鬥爭。然而，從十八世紀以來的選舉歷史來看，確立「一人一票」原則的過程經歷了一番爭鬥，人們也為此付出血汗與淚水。

在現代民主的早期發展，普選權是偉大政治理想的能量來源。許多人寫下熱情洋溢的短論和激動人心的詩歌來讚頌普選權。華特・惠特曼（Walt Whitman）在〈一八八四年十一月選舉日〉（Election Day, November, 1884）中將美國選舉吹捧為「抉擇時刻」、「無劍衝突」和「精彩場景」，比雷鳴般的尼加拉瀑布和浩浩湯湯的密西西比河更加壯闊。**因為普選權和自由抉擇，人民開始期待廉潔政府、政治平等、社會尊嚴，甚至無階級社會的集體和諧。**出生於澳大利亞的穆里爾・莉拉・梅特爾（Muriel Lilah Matters）是第一位在英國下議院發表演講的女性，她將自己鎖在公眾席的欄杆上並進行發言，她相信自己的行為促成社會進步。艾米莉・潘克赫斯特（Emily Pankhurst）等人提倡婦女參政，他們認為婦女參政將會顛覆軍國主義。美國社會主義出版商兼紐西蘭聯合工黨的共同創辦人沃爾特・托馬斯・米爾斯（Walter Thomas Mills）寫道：「選票之於民主，不亞於刺刀之於專制主義。……多數統治是管理自由國家唯一合理的方法。選舉權必須建立在平等的原則上，普遍賦予給所有在國家境內享有益處並承擔責任的人[15]。」

不少人為了捍衛選舉的廉潔原則及實踐而賠上了性命，其中包括與眾不同的墨西哥民主黨員法蘭西斯科・馬德羅（Francisco Madero）。馬德羅是個有社會良知的富有地主，他確信代議制民主不適合當時的墨西哥，那不是花錢就能買到的商品，也不是裝在士兵背包中、用槍管發射的武器。民主是種感性，必須源自公民內心，所以馬德羅努力想改變人們對權力的看法、建立一個在自由和公平選舉中競爭的公民網路。同時，馬德羅試圖將墨西哥獨裁者波菲里奧・迪亞茲（Porfirio Díaz）趕下台。馬德羅告訴自己的支持者，選舉式民主會讓大家徹底改變思想、身體與心靈。他本人則是戒菸、毀掉私人酒窖、不再午睡也不再吃肉。有一次，為了逃避以「萬歲！」迎接他的人群，馬德羅來到他稱之為「澳大利亞」的牧場，並在旁邊的沙漠中度過了整整四十天。

在馬德羅看來，個人的即是政治的。這個信念令他受惠良多，也造福了數百萬公民和公民代表。馬德羅對民主事業和恢宏氣度的領導力深具信心，他寫道：「貧窮、監禁和死亡都不會讓我卻步。[16]」馬德羅的信念最終獲得回報，三十七歲的他以近百分之九十的支持率當選總統，成為墨西哥史上最年輕的領導人之一。但兩年後某個深夜，一顆子彈射穿了馬德羅的脖子。這是美國大使亨利．萊恩．威爾遜（Henry Lane Wilson）與人共同策劃的陰謀。

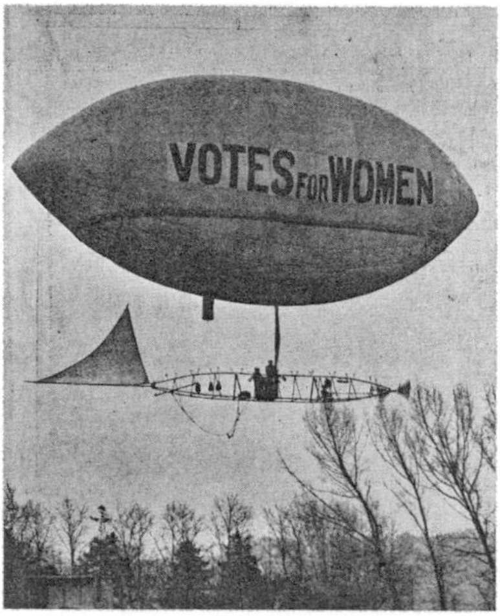

一九〇九年二月十六日，英國國王愛德華七世正式宣布議會開議。穆里爾．馬特斯租了一艘飛艇，在倫敦上空投遞鼓吹英國婦女獲得普選權的小冊子。當時這艘飛艇在八十英尺的高空中，但因動力不足而偏離航徑，未能飛抵西敏市（Westminster）的上空。不過馬特斯大膽的舉動帶來相當大的宣傳效果，在一九二八年，英格蘭、威爾斯和蘇格蘭二十一歲以上的男女獲得了條件相同的投票權。

◈反抗的聲音贏不過多數人民的意見

普選權的訴求讓整個大西洋充滿了民主精神，反對民主的人因此愈來愈害怕。對他們而言，「民主」是個骯髒的字眼。一三七〇年左右，法國國王查理五世委託尼古拉・奧里斯姆（Nicholas Oresme）*翻譯亞里斯多德的《政治學》以供宮廷使用，並於一四八九年印刷出版。這個著名的法文譯本包含一張插圖，右邊的天使界人物包括君主政治、貴族政治和財權政治（timocracy）——這些富裕的有產階級出於榮譽感而施行統治；左邊的惡魔則包含暴政、寡頭政治和民主政治。象徵民主的角色是平民、士兵，和困在枷鎖上半死不活的受害者。

三世紀後，法國雅各賓派處決路易十六，不久之後英國著名諷刺作家詹姆斯・吉爾雷（James Gillray）在作品中將民主繪製成頭髮蓬亂、雙眼圓睜、喋喋不休又愛

* 一九二二年義大利國會選舉中，法西斯黨只取得五三五席中的兩個議席，貝尼托・墨索里尼因此心生不滿，於一九二二年十月二十八日號召三萬名支持者（俗稱黑衫軍）進入羅馬示威。此事件不但使墨索里尼成為首相，也讓全世界瞭解了法西斯的實力，是國家法西斯黨成功奪取義大利政權的象徵性事件。

放屁的擬人化角色，帽上別了法式的三色動章，腰間揣了一把血淋淋匕首。到了十九世紀，民主的擬人化形象仍然維持不變。民主的敵人認為民主是野獸的代名詞，是一群衣衫襤褸、散發惡臭、言語粗鄙的平民，只有一腔愚昧且不受約束的激情，往往煽動亂象以及階級暴力。在論文〈雅典民主〉（Die Demokratie von Athen）中，匈牙利歷史學家兼政治家久拉．施瓦爾茨（Gyula Schvarcz）認為民主是「白種人」特有的著魔現象[17]，許多人也怒斥「無論政治社群的規模或組成，不同財力、種族和性別的人都有權受到平等對待」這個論述。康乃爾大學（Cornell University）校長安德魯．懷特（Andrew White）警告，大多數潛在的選民「對與自己最切身相關的利益毫無概念」，普選制度只是把權力交給「一群剛從愛爾蘭沼澤、波西米亞礦坑或義大利盜匪巢穴過來的文盲鄉巴佬」[18]。小查爾斯．法蘭西斯．亞當斯（Charles Francis Adams Jr）是約翰．昆西．亞當斯（John Quincy Adams）的孫子，也是約翰．亞當斯（John Adams）的曾孫。小查爾斯對外國人、婦女、下層階級和劣等種族口出惡言，他認為，「直白地說，普選權就是無知和邪惡的政府，例如歐洲（尤其是塞爾特人）、非洲沿岸和中國的無產階級」[19]。在布宜諾斯艾利斯，保守派的法裔阿根廷文學家、劇作家兼國家圖書館館長的保羅．格魯薩克（Paul Groussac）曾出言譴責「齊頭

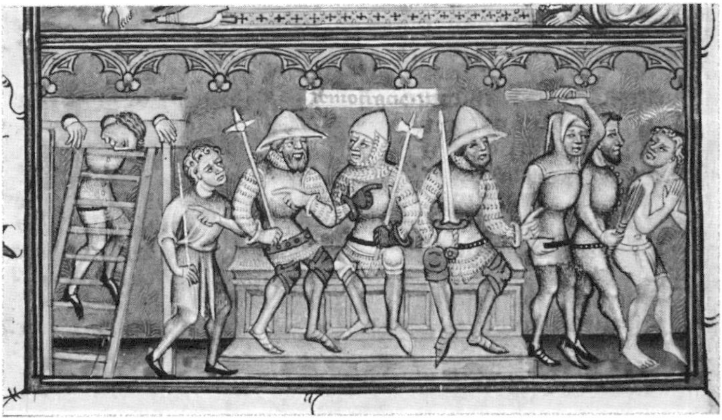

在尼古拉・奧里斯姆翻譯的《政治學》的法文譯本，民主被描繪成粗魯又暴力的統治。

式民主」，稱其導致「道德沉淪」和野蠻行徑。在美洲其他使用西班牙語的地區，不少有地位的公眾人物都支持委內瑞拉士兵出身之強人西蒙・玻利瓦（Simón Bolívar）的著名言論，玻利瓦深信，只有「有能力的專制人物」才能有效統一這片土地上的人民[20]。

一八七六年，德國保守黨的黨魁奧托・馮・赫爾多夫－貝德拉（Otto von Helldorff-Bedra）在奧托・俾斯麥（Otto Bismarck）的協助下起草建黨宣言，文中呼籲人們防範「群眾的日益墮落」。普選權是糟糕的方向，大家需要的是君主制度、強大的政府、「有序」的經濟自由，以及「人民之間應組成不同族群，形成有系統的區隔」。著名的法律史學家亨利・薩姆納・緬因（Henry Sumner Maine）更積極主張，一人一票的原則會妨礙進步，這個觀點廣獲推崇。緬因寫道：「普選權一定會禁止紡紗機、動力織布機和打穀機的使用，禁止使用公曆，也一定會讓斯圖亞特王朝復辟。」[21]

儘管言詞粗魯、情緒尖刻，但從歷史的趨勢來看，當時的狀況愈來愈好。二十

Ça ira!
A DEMOCRAT, _or_ REASON & PHILOSOPHY.

一七九三年，詹姆斯・吉爾雷（James Gillray）撰寫的《民主派或理性與哲學》（*A Democrat, or Reason & Philosophy*）問世，差不多在這時期，路易十六被送上斷頭台、法國對英國和荷蘭共和國宣戰，暴力革命和恐怖統治在巴黎肆虐。當地反對黨領袖查爾斯・詹姆斯・福克斯（Charles James Fox）將民主分子描繪成「無套褲漢」，一邊慶祝國王被處決，一邊唱著革命歌曲〈一切都會好轉〉（Ça Ira）。這首歌的歌詞是：「一切都會好轉，一切都會好轉！／不再有貴族或教士／貴族在刑柱上盪呀盪／平等將遍布街頭。」

世紀初期，大西洋區域內一人一票原則的反對者逐漸變少，在政治場合上也遭遇挫敗。除此之外，**人民發展出控制代議人士的方式，代議人士的素質也逐漸提高，也終於看出多數決的危險以及比例代表制的優點**。盎格魯－愛爾蘭的保守派作家兼政治家埃德蒙·伯克（Edmund Burke）曾嚴厲指出：「群眾暴政即是多重暴政[22]。」愛爾蘭人發明的「杯葛」（boycott）也是如此。政界投入精力，以杜絕選舉過程中的貪腐現象，例如舉手投票（hand-in-the-air balloting）、恐嚇選民和政治分贓等。無記名投票又稱「澳大利亞式投票」，源自偏遠的塔斯馬尼亞州，卻在遙遠的都柏林、塞勒姆、波士頓、加拉卡斯和蒙得維歐（Montevideo）等地大受歡迎。無記名投票的步驟包括印製列出所有候選人姓名的選票、將選票配送到警戒充足的投票站、要求選民在選票上標記自己支持的候選人，然後將選票投入密封的票匭中，最後由宣誓為政治中立的官員計票。

美國的民主人士致力於選舉制度的創新，例如他們曾經推動參議員直選，而非由州議會進行任命。這項改革最早在俄勒岡州和內布拉斯加州取得突破性的進展，一九一三年在全境取得勝利，並加入《憲法》第十七次修正案。人們常常誇讚這項改革是偉大的勝利，它取代了一七八七年制憲會議通過的病態體制——由國家任命參議員。這體制之所以「病態」，一部分是因為州議會選出的參議員通常是奴隸主，或是自私的縉紳代表，光從立基點來看就是個大錯。

年輕的美國民主體制也曾經試著罷免招搖撞騙、犯下大錯的議員。這項改革的主力是約翰・蘭道夫・海恩斯（John Randolph Haynes），他從醫生轉職為房地產開發商，爾後領導「洛杉磯直接立法聯盟」（Direct Legislation League of Los Angeles）。海恩斯以「捍衛投完票後就無計可施的公民大眾」為己任，在一場又一場的演講中，他譴責「效率低下、奢侈揮霍和貪腐行為」。一九〇三年，海恩斯和支持者成功在洛杉磯的憲章中加入罷免條款。一九〇八年，俄勒岡州率先採用了相同的措施，隨後十七個州跟進。罷免的原則是：如果百分之十至四十的公民不滿意他們正式選出的代表在選舉之後的表現，便可以在任期屆滿前趕走這些不中用的政客，要麼直接被罷免，要麼像是被判緩刑一樣，只能做到原來的任期結束。

在創制或修改法律上，美國人還試圖恢復古希臘的全民公投。一八九八年，南達科他州的工會鼎力支持全民公投，認為這是「人民立法權」的重要一步。雖然民主人士從未嘗試將全民公投放進聯邦法律，不過多個州政府和地方各級政府廣泛採用全民公決。二十世紀，基於不同利益和目的，人們開始廣泛使用全民公投，例如婦女選舉權、廢除死刑以及公共工程每日工時限制八小時，這些改革全都從俄勒岡州開始。創制權分成兩種，「間接創制」規定選民必須先向立法機關提交申請，同意後才得以展開行動；「直接創制」更常見，選民可以自行起草請願書，但需要取得群眾簽署才能啟動流程，簽署同意的人數大概是登記在案的選民中百分之五至十五。投票時間通常訂在下次的選舉日，或是另擇日期。

◈國家的建立和帝國的轉型

全民投票、罷免、新聞自由、定期選舉、政黨和議會……這些制度和其背後的理念前所未有，效果也非常卓越。不過說來矛盾，選舉式民主已經從根本上改變了民主的歷史，民主的兩種含義雖然互有牽連，卻又截然不同，言語、思維和制度各有不同，且各有支持者。「民主制兼代議制」的新體制也改變了選舉式民主的分布範圍。儘管起源於城鎮、村莊、企業和宗教團體，隨著時間的推移，當時施行選舉式民主的主要區域變成具明確邊界和領土的國家，這些國家有常備軍隊、立法權和稅收的支持，因此我們現在才會習慣說「法國」民主、「南非」民主，或「智利」民主。在幅員和人口規模上，這些國家比集會式民主的政體更大，因為在昔日的希臘世界，大多數民主國家的領土大概都是幾十平方公里，例如阿爾戈斯和曼提內亞。

帝國也改變了民主政治的分布範圍，雖然有點奇特，但值得我們注意。「帝國可以推動民主創新」的想法就算不是悖論，聽起來還是有些牽強。畢竟「民主」和「帝國」不是一家親，甚至關係不算和睦。選舉式民主是一種政治權力關係經常改變的政體，任職的官員需要在定期選舉中接受檢驗和壓制。帝國則是龐大的國家，經濟、文化、政治和軍事力量強大，領土和人民皆由皇帝或統治集團控制。根據宗教、種族、傳統或「文明教化」等標準，帝國的統治者對臣民擁有普遍的管轄權，以壟斷稅賦、文化、行政管理和暴力手段來為自己撐腰。換句話說，帝國掌握了支配權，帝國統治者認為就算所有對手聯合起來也打不過自己。腓特烈三世和哈布斯堡帝國君主的座右銘是「奧地利是全世界的統治者」，展現帝國主義的思想。伯里克利也有類似的想法，正如前文所述，他在伯羅奔尼撒戰爭開始時曾說：「雅典民主的力量在於擁有比其他希臘地區更強大、更有效率的海軍。」

帝國主義的思維解釋了帝國的名聲為何敗壞至此。帝國主義常與傲慢、資源掠奪、壓迫人民和謀殺人民的指控連在一起。帝國雖然一直以來都反對民主，但現代的帝國和從前並不一樣。在選舉式民主的時代，世界上共有三種不同的帝國類型。第一種帝國會對人民進行冷酷的中央集權、粉碎所有反對聲、壓制選舉式民主，例如二十世紀的蘇維埃帝國。第二種帝國則是將「中央集權」和「臣民共享實質權力」互相結合，例如奧斯曼帝國的「諮詢會議」（meshwerets），或是奧匈帝國的兩院制「帝國議會」（Reichsrat）。最後一種帝國雖然顯得貪婪、浮誇又暴力，但也是選舉式民主的推手。以大英帝國為例，在失去美國這塊殖民地後，十九世紀的英國政府使用了三種不同的治理策略，將帝國及殖民地細分成不同地位：在王室殖民地（Crown colonies），帝國幾乎不給當地人士立法上的發言權，行政管理皆由公職人員執行，他們直接向英國國會匯報，貝專納蘭（即現在的波札納）和砂勞越（馬來西亞的一個州）即在此列；有一些殖民地雖成立了代議機構，但英國王室不確定這些殖民地是否已夠格，因此不准許自治，比如印度；最後是受到母國信任的自治領（dominion），如果將一定的自治權授予遙遠的殖民地，帝國在治理過程遇到的麻煩會少很多，因此自治領既具備代議機構，又享有治理權，但王室依然擁有立法上的否決權，英國國會也能控制殖民地的總督。

自治領的居民大多是白人，就當時的標準而言，這裡的選舉式民主產生了驚人的創新。一七九一年，加拿大法語區的魁北克（英國的殖民地，又被稱為下加拿大）獲准成立地方議會，並於一年後舉行自由選舉。根據規定，擁有地產或支付地租、未犯叛國罪或其他嚴重罪行，且年滿二十一歲的人都可以參加投票。因此，無論性別、說法語還是英語，只要每年繳交區區十英鎊的租金，所有的佃農都能擁有投票權。大批女性前往投票，這可是大英帝國史上的第一次，甚至比英國本土二十一歲以上的女性獲得完整投票權還早了一百三十六年。然而，一八六七年加拿大聯邦化之後，下加拿大的婦女投票權就依法廢除了，但根據三河城（Trois-Rivières）某位法官的報告，在一八二〇年的當地選舉中，「女性與男性一樣投票，並未遭到歧視」。報告還提到，有名男性進入投票所後卻被告知不能投票，因為他的地產登記在妻子名下，妻子才是合格選民，於是他紅著臉回家，再帶著妻子前去投票[23]。

◈「主權人民」才是政府的主人

從這些非比尋常的進展來看，集會式民主國家可能對選舉式民主的創新和規模感到困惑，甚至是驚訝不已。十九世紀的法國自由主義作家兼政治家法蘭索瓦・吉

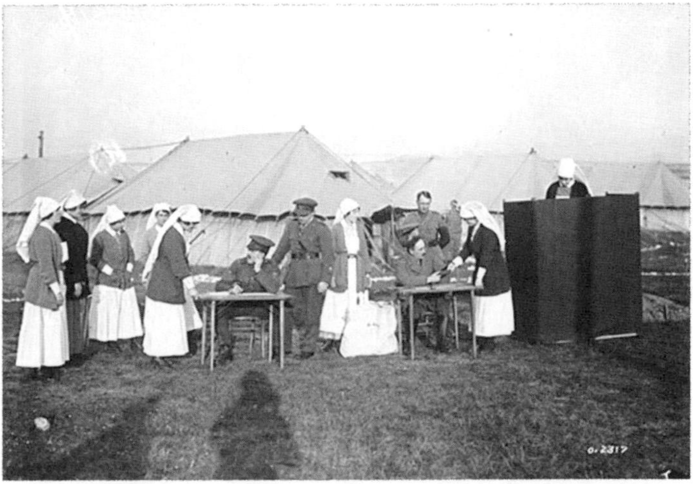

戰爭往往有利於民主的突破性發展。一九一七年十二月，當時正值第一次世界大戰期間，派駐海外的加拿大「青鳥」（Bluebird）護士在英格蘭奧平頓（Orpington）的安大略軍醫院（Ontario Military Hospital）服務。自加拿大聯邦化以來，青鳥護士是第一批在聯邦選舉中享有投票權的婦女。一九一八年，在經歷了數十年的請願、公眾集會和抗議後，加拿大所有的婦女終於獲得完整的投票權。

佐（Francois Guizot）曾經在巴黎發表一次著名的公開講座，課程主題正是選舉式民主。他對聽眾說：「自從現代社會的誕生，不論是制度、願景，或歷史進程，代議制的治理形式……總是清晰地浮現在遠處，就像遇上風暴的船隻，雖然難以抵達港口，但最終還是會順利靠岸。[24]」只有崇尚自由主義、相信歷史總會站在自己這邊的人才會樂觀看待代議制的未來。事實上，這世上從來都沒有一帆風順的事，代議制民主的支持者有著雙重標準，他們一邊擁護代議制，一邊阻止婦女、奴隸和勞動階級進入政府。

因此，沮喪的情緒自然蔓延開來。十九世紀的小說家喬治·艾略特（George Eliot）將選舉諷刺為公開審議和讓人失望的儀式。公開議事獲得結果之前，大家什麼都做不了，只能聽著時鐘滴滴答答的聲音。她寫道：「還以為是天下太平呢，明明是黃鼠狼給雞拜年。」定期選舉引發了群眾強烈的抵抗和不滿。另外，在法國、阿根廷等地，因為自身的缺陷，選舉式民主的自信下降，但敵方的鬥志和力量卻愈來愈強大。

選舉式民主的支持者認為，選舉制度承認了人民的意見有所分歧，也可以分散不良領導者的責任。選舉式民主讓公民得以公開抱怨，抒發對領導者的不滿，並且促進權力的公開競爭。不可避免地，**所有政府都會失職，但多虧了選舉制度，公民有權汰換失職的執政政府**。

我們先暫停一下，想想選舉式民主一個非比尋常的特徵：一方面呼籲多黨制、多元化的統治方式，另一方面又提倡主權人民（Sovereign People）的意見應該統一，這兩個想法相互矛盾又互相揭密。選舉式民主鼓勵公民及公民代表質疑「人民」（dēmos）的真實性，作為政治權力和威權的源頭，人民能不能被視為一個整體？主權人民的概念發源自古希臘，經歷了羅馬法律、中世紀歐洲的後期階段，一直到近代歐洲，托馬斯·傑佛遜等代議制民主的擁護者發現，主權人民只是君權神授論的變體。君權神授論主張上帝賦予君王統治臣民的權利，而主權人民的想法屬於人類學家提出的「萬物有靈論」：人類將自己對世界的想像投射到上帝和信仰上，並假設「人民」受上帝的眷寵和恩賜，因此握有統治的權力。人類耽溺於「人民是制憲權（Constituent power）唯一擁有者」的幻想中，法國思想家稱之為pouvoir constituant。「人民」被化為潛在的暴君，法語"Vox populi, vox dei"即表達「輿論即神意」之意。

美國偉大的共和黨員約翰·亞當斯分析「人民」時，使用了許多新英格蘭人談論上帝時才會用的形容詞，亞當斯說過：「智慧、權力、力量和權威源自人民，固定且必然存在人民之中，不可分割，也不可剝奪。[25]」為了讓眾人理解，這段論述被改寫為「我們人民」（We, the People），這也是一七八九年九月中旬在費城通過之美國聯邦憲法開頭的幾個字。「人民」是世界的當家主人，名正言順地賦予生命力。人民的力量超越了道德，也不能被違拗。人民知道什麼正確、什麼錯誤，也知道事情應該怎麼處理才是最好的。

選舉式民主的捍衛者斥責「具有神奇力量的神奇人民」這種頭腦簡單的表述，但他們並沒有直白地表現出來。他們倡導放棄空泛又抽象的「人民」概念，每個人都有血有肉，雖處於不同群體，卻依然要共同生活、好好管理自己。然而，事情卻變得一團糟。多數選舉式民主的擁護者認為，大眾的背景和意見雖然不同，但因為被賦予投票權，化身為「主權」力量的形象，這時「人民」這個詞就很好用。選舉期間，選民會評斷代議者，偶爾會看起來很嚴厲。「人民」有時熱烈鼓掌、讚嘆聲不絕於耳，有時則憤慨不已、高聲發洩挫敗的情緒。根據這個原則，討論美國新《憲法》的遣詞用字時，班傑明・富蘭克林（Benjamin Franklin）表示：「**在自由的政府中，統治者是僕人，人民才是握有主權的上級。**[26]」選舉結束後，「人民」像個靜止不動的巨人，睜大眼睛、豎起耳朵，饒有興趣地關注著統治者，通常他們會保持緘默，等待下次選舉時再對當時的統治者做出論斷。

因此，選舉式民主對「人民」的兩種解釋相互矛盾。一方面，「人民」是抽象的「主權人民」，被想像為良好政府的正當基礎；另一方面，「人民」則是實際的庶民大眾，人人有著不同的愛好，被政黨和民間社會的利益團體影響。十八世紀末，人民開始討論代議制民主引起的種種麻煩。然而，選舉式民主也做出了以前集會式民主從未有過的創舉。選舉式民主提出主權人民，挑戰了君主制和專制主義的思維和抽象原則，「民主的本質是主權人民的統治」這個概念也變得民主化。選舉式民主以從前不曾見過的方式做到了這一點。

對於選舉式民主的支持者來說，選舉不僅是挑選領導者的手段，也能罷免糟糕代議者，此舉能給對選舉式民主感到失望的人加油打氣。選舉提醒公民，他們只是不團結的「人民」其中一員。如果人民總是能達成一致的決定，如果代議者總是德行高超，既公正又有能力，並能充分回應選民的期望，那麼選舉就失去了目的，選民和代議者不過是彼此的複製體，代議制也變得沒有意義，並且再也不會因為「現實是什麼」、「可以是什麼」或「應該是什麼」而引發政治衝突。但是，公眾的意見不會永遠一致，代議者也不是天使，而且在人民眼中，代議者永遠做得不好，甚至經常搞砸。因為代議方讓委託方失望，所以選舉成為人民懲罰代議者的重要機制。代議制民主的支持者做出結論，選民在現實中很少能在公共和私人事務上達成共識，但他們被冠以「人民」這個虛無名詞，因此有機會將代議者趕下台，並選出新的人物取而代之，在有限任期內執政。

◈民粹主義：選舉式民主的敵人

這個推理激起了公眾的不安。選舉式民主一直有兩個困擾：第一個困擾是人民對選舉辦法的意見處於激烈的分歧狀態，第二個困擾是對於民選代議者的憤怒。選舉式民主是民主史上的新興形式，針對「人民」一詞的精確含義提出爭論。與集會式民主相比，選舉式民主提出質疑：好的政府是否必須由一群能面對面議事、且能夠達成幾乎一致意見的人組成？選舉式民主保留了舊傳統，包括在市政廳議事、政黨集會以及公眾示威抗議。然而，選舉式民主也堅持，由於個人多樣性以及距離遙遠等原因，「人民」無法定期集會，因此必須由民選代表進行治理，而在公民社會中運作的政黨則會支持民選代表。

堅持「主權人民」的強硬派認為這個新的規則令人反感。他們點出一個問題：亞伯拉罕・林肯（Abraham Lincoln）曾在蓋茨堡（Gettysburg）為美國內戰陣亡的士兵致上悼詞，他說過民主的定義是「民有、民治、民享」，但選舉式民主一點也不符合這個標準。選舉式民主中，政府立基於最終握有「主權」的「人民」，實際效果卻適得其反，因為在選舉式民主的縱容下，爭吵、自私自利、不和的政黨以及議會傷害了「人民」。另外，選舉式民主將權力交給民選領導者，這些人名義上代表「人民」發言和行動，但常常將「人民」晾在一邊，只會在選舉期間偶爾進行諮詢。「人民」僅僅有權在選舉時決定誰來執政。選舉式民主放肆地侮辱「輿論即神意」的原則，當選者的意志凌駕於人民的觀點和利益之上，人民因此被奪去主權，這實在令人失望。

激烈的選舉競爭最早出現在教堂和城市，然後蔓延到整個國家和帝國，隨著這股風潮的影響，選舉式民主經常受到民粹主義的干擾。古時候，集會式民主的擁護者厭惡煽動分子的所作所為，到了十九世紀中葉，「民粹主義」這個詞第一次出現，自此成為選舉式民主的自體免疫性疾病。煽動分子會做出無法兌現的承諾，然

《群眾》（*Las Masas*），由墨西哥著名壁畫家何塞．克萊門特．奧羅斯科（Jose Clemente Orozco）所繪製。畫家勾勒出人民主權的矛盾：「群眾」由工人和農民組成，這股新勢力沒有頭，卻長了許多眼睛、嘴巴和手腳。他們揮舞一面旗幟，共同對抗一個隱形的敵人。這幅作品創作於一九三五年，卻讓人想起一九一〇年的暴力事件，當時墨西哥革命爆發，奪去了高達一百五十萬條人命，數十萬人被流放。

後再以「人民」之名行事，這種操弄屢見不鮮。煽動分子讓選民對他們承諾的事寄予厚望，並激起選民的不滿、恐懼、煩惱和怨恨。一八三〇年，美國小說家詹姆斯・費尼莫爾・庫珀（James Fenimore Cooper）曾表示，這類人物散播「陰謀、欺瞞、詭詐和操弄」，只會「訴諸激情和偏見，而不是理性的思考」[27]。

請看阿根廷早期民粹主義的案例。根據一八二〇年代的教科書所述，獨裁者胡安・曼努埃爾・德・羅薩斯將軍（Juan Manuel de Rosas）曾說，選舉式民主將導向「民主凱撒主義」（democratic caesarism），雖然民主源於古代，但它現在的面貌令人恐懼[28]。值得注意的是，在選舉式民主的時代，西班牙在美洲的殖民地並非一潭死水。自從拿破崙於一八〇七年入侵西班牙半島後，一八一〇年至一八三〇年間，西班牙管轄的美洲地區開始嘗試代議自治。在長久的政治實驗下，理論上南美洲大部分地區變成全世界最自由的地方，但與葡萄牙關係緊密的巴西除外，因為這個國家依然實行奴隸制和君主立憲制。當時大眾推崇共和式獨立、邦聯制和聯邦政府等原則，而成文憲法、新聞自由和多黨制的定期選舉也蔚為風氣。阿根廷的幾個省分大膽地實行了新制，提出當時世界上最先進的選舉權法：不論教育程度或階級，所有的成年男性皆擁有投票權，但女性和黑皮膚的契約勞工依然被排除在外。一八二一年八月，布宜諾斯艾利斯提出新法規：「不論出生於本國或僅在本國定居，每一個年滿二十或未滿二十但已婚的自由人均享有投票權。」

羅薩斯將軍充分利用了這股趨勢。羅薩斯將軍覺得自己既是個勇敢又令人敬畏的領袖，也是討喜的群眾煽動家，他掌控的一人獨裁政府更是人民的救星。他認為自己肩負著清理「小地獄」的任務，「小地獄」指的是陷入無政府狀態、金融不穩定、公眾士氣低落的國家。某個宜人秋夜，在布宜諾斯艾利斯附近的巴勒莫（Palermo），羅薩斯將軍在一棵枝椏橫展、樹根匍匐、樹幹中空的翁布樹（ombu）下，向支持者發表了以早期民主語言寫成的熱情演講。羅薩斯將軍喜歡戴帽子，穿著裝飾流穗的披巾，鞋跟配上銀馬刺，手執馬鞭，好像隨時準備上馬。他說，理想的政府當由「人民的獨裁公僕」執政[29]。

羅薩斯開始利用選舉、公民投票和請願行動等技巧來包圍政治對手。立法機關和法院失去了應有的功能；選舉變成全民活動，充斥著喧鬧音樂、效忠的誓言以及炫目煙火。一有機會，羅薩斯就向支持者提供好處，他籠絡的對象包括地方法官、軍官、行政人員、著名報紙的記者、牧場主人、富商以及任何甘心附庸於偉大領袖的人。羅薩斯擅長鼓動公眾上街遊行，以表現與領導者團結一致的用心。他指示信徒穿上代表聯邦黨軍隊的紅色衣服，婦女要配戴紅色花朵，最好是玫瑰花，並在頭髮上繫一條紅絲帶。應他的要求，男性的風格是大剌剌的男子氣概，包括惡狠狠的表情、毛茸茸的胸膛、紅色帽子、紅色頭巾和以死威脅敵人的紅絲綢徽章。

這位人民領袖也喜歡擺出親近上帝的派頭。羅薩斯會討好神職人員，因此許多神職人員也繫起了紅絲帶、舉辦有利於羅薩斯的講道會，並組織街頭遊行，群眾高舉他的肖像，展示在瀰漫著迷迭香味的當地教堂祭壇。同時，他建立新的步兵隊和砲兵隊，政府的年度預算中將近一半都是軍費。因為偏執狂和自大狂心理作祟，他又組織了新的私人警察，並命名為「玉米穗」（mazorca）。這支警察隊伍和敢死隊差不多，除了暗殺約兩千人，也負責探查和追捕「人民」的「敵人集團」。所幸，國內反對者和巴西軍隊聯手推翻羅薩斯，對阿根廷各省的真正人民來說，這實在是好事一樁。羅薩斯最後被迫流亡到英國，因為他曾「善待與阿根廷貿易的英國商人」，英國不但給予庇護，還以二十一響禮炮的規格歡迎他。民粹主義雖然有利商貿發展，卻貽害民主。

◈民主革命：殖民地的覺醒

從羅薩斯的民粹主義來看，選舉式民主很容易被自身的缺陷影響，最大的威脅莫過於領導者因為渴望追隨者的崇拜而做出的煽惑行為。從十八世紀末到一九三〇年代，公眾好奇「誰是人民？」這個政治問題，也因此引發了嚴重的紛爭。工人階級和婦女最終受到認可，擁有了投票權，一些殖民地的民眾也獲得了投票權，例如塞內加爾人。後來，經歷一場血腥的內戰後，奴隸制正式廢除，美國的選舉式民主終於和以奴隸制為基礎的集會式民主分開。

如前所述，基於許多不同的權力衝突，投票權逐漸擴大，「一人一票」的原則也變得普及。不少人以「人民」之名進行激烈的鬥爭，反對君王、主教和神父、地主或是皇帝帶領的政府。「人民究竟是誰？誰才有權代表他們？」因為這些爭議，每個選舉式民主的政體都陷入了緊張，暴動、抵制和國家暴力更是屢見不鮮。另外，神職人員、地主階級或是特定地區的群體是否有權推舉代表？英國的自由主義哲學家兼政治家約翰．史都華．彌爾（John Stuart Mill）提倡「複數投票」（plural voting），他認為每個人擁有的選票數量應該與教育水準成正比，例如「普通的非技術性勞工」只可投一票，而「大學畢業生或經由自由選舉而加入學會的人」至少可投出六票[30]。

為了防止約翰・亞當斯所說的「多數暴政」，透過比例代表制或根據不同的代表原則，少數人的意願是否可以合法戰勝多數人，例如在上議院行使否決權和修正權？如果可以，需要什麼前提？這一系列問題也引發了衝突。直到一九三〇年代，民粹主義盛行，因為惡意的政治操弄以及節省成本等原因，美國內布拉斯加州（Nebraska）、新斯科細亞（Nova Scotia）、愛德華王子島（Prince Edward Island）、曼尼托巴（Manitoba）、新布藍茲維（New Brunswick）和昆士蘭（Queensland）等聯邦制的地方政府投票廢除了上議院。聯邦制的地方政府多數保留了兩院制，上議院的議員通常由各地區代表選出。「職別代表」（functional representation）的方案另闢蹊徑，獲得了奧地利馬克思主義派和英國基爾特社會主義派（guild socialist）等團體的支持，並曾在第一次世界大戰後的德國、捷克斯洛伐克和其他中歐國家短暫流行。他們主張由工人掌控產業、聯合經濟委員會，以及其他促進工人代表權的政府計畫。

誰有權投票？代表權意味著什麼？這兩個問題引發的紛爭，也因此創造了許多新詞彙，例如十六世紀末首度出現於荷蘭的「貴族民主」（aristocratic democracy），以及發源自美國的「共和民主」（republican democracy）。後來一八四〇年左右，柏林的工人階級創造出「社會民主」（social democracy）、「自由民主」（liberal democracy）和「基督教民主」（Christian democracy）。「資產階級民主」（bourgeois democracy）、「工人民主」（workers' democracy）和「社會主義民主」（socialist democracy）等詞也紛紛傳播開來。

從這些新術語，我們知道不同類型的群體和階級為了爭取平等進入政府的權力，他們用盡了一切辦法，最終成功在地方和機構中取得普選權。在數百萬人眼裡，現代民主的核心原則——自由和公平的定期選舉有自己的歷史。從十八世紀下半葉開始，**代議治理權的爭取以及代議制的民主化挑起了公眾的激情、混亂，和對美好未來的嚮往。**

由於「賦權於民」的呼聲不曾停歇，選舉式民主時代的最後兩個世紀，人民捍衛政治和社會平等，這段時期便是十九世紀法國作家兼政治家亞歷克西斯·德·托克維爾（Alexis de Tocqueville）所說的「偉大民主革命」[31]。托克維爾指出，選舉式民主承諾人民一種基於平等原則、有尊嚴的生活方式。他還預言，在民主革命中，「貴族」奴役庶民或是男性支配女性之類的不平等現象難以保留。為不平等辯護的藉口會愈來愈拙劣，而且愈來愈難說服公眾。

托克維爾確實擔心現代民主革命可能會被專制、權力無限擴大的父權國家扼殺。同樣地，托克維爾因為支持法國殖民阿爾及利亞，他發現帝國的建立往往需要壓制選舉式民主，因此殖民統治容易受到被殖民者的民主抵抗。從他的著作中，他似乎知道選舉式民主一直接受審判，但他並未預見有人會聯手染指選舉權，就像美國的非裔人士發現，為了解放他們而開打的內戰結束後，自己仍是種族主義的受害者，這股勢力依舊處心積慮地試圖限縮和奪走某些群體的投票權，尤其針對黑人和窮人[32]。此外，托克維爾還低估了民粹主義的危險，下文我將討論商品生產和交易市場的體系為選舉式民主帶來的困境。

不過，托克維爾發現選舉式民主確實顛覆了現代世界的裡裡外外，重重打擊階級、男性特權、政治霸權和殖民奴役。現代民主革命從大西洋區域出發，衝擊了全世界。一開始的選舉式民主是一連串粗暴的鬥爭和令人驚嘆的行為，例如荷蘭的工匠暴動、英國國王查理一世和法國國王路易十六遭到公開處決，以及聖多明各的奴隸群起反對法國殖民統治（也就是現在的海地）。然後，選舉式民主開始質疑「認為人與人之間的不平等是天經地義」的偏見。奴隸、婦女和工人贏得了選舉權。最

一九四八年一月二十一日至二十三日，中國首度舉行立法委員選舉，選民使用毛筆作為書寫工具。該場選舉遭到共產黨抵制，因此投票率很低，但選票依然有約一億五千萬張。選民包括各省市和藏蒙地區的公民、職業團體，以及旅居海外的僑民。這是選舉式民主時代規模最大的選舉，也是中國大陸上最後一次備受爭議的全國選舉。

終，至少代議制的理論被民主化了，大部分人口能因此受益，但原住民除外。選舉式民主的精神也在菲律賓扎根，埃米利奧·阿吉納爾多（Emilio Aguinaldo）領導中產階級公民和農民組成反叛聯盟，並宣布脫離西班牙帝國的統治，不過在美國的併吞行動和軍事干預下，這場起義很快被鎮壓下去。另外，中華民國也在一九四八年舉行了選舉，當時投票的公民超過一億五千萬人。

◈二十世紀民主的毀滅之路：世界戰爭爆發，資本主義盛行

二十世紀初，各地開始推行以全民投票為基礎的良政，勝利似乎就在眼前。以義大利為例，一八六一年的大選在影響力巨大的貴族主導下，

該國統一為義大利王國，但這項變革遭到教皇強烈反對，另外，當時不管哪場選舉，只有能讀能寫、納過稅的二十五歲以上男性才享有投票權。到了一九一三年，大選仍然是男性的天下，但是選舉權已擴及到另外三類男性，包括二十一歲以上且能讀能寫的人、三十歲以上的文盲，以及曾在義大利陸軍或海軍服役的人。這種趨勢看似偶然，而且許多觀察家認為社會將逐漸走向普選權和代議政府。但是他們錯得離譜。

選舉式民主即將被推入充滿政治掠食者的沼澤。首先，帝國間的競爭及民族國家之間的武裝衝突造成許多損害，但大家都找不出解決之道。西元前三七〇年左右，當時還是集會式民主時代，伯羅奔尼撒半島的公民國家組成了傑出的阿卡迪亞聯盟（Arcadian League），旨在為曾經被斯巴達統治的地區帶來和平，並嘗試建立一個兩級邦聯（two-tiered confederacy），類似於當今的歐盟，只是比較簡化。這個組織受到民主談判和妥協所制約，由名為「萬人團」（myrioi）的地區議會管理，一支常備軍隊長期駐紮於新首都梅加洛波利斯（Megalopolis）。這是歷史紀錄中第一個跨國的民主實驗。

選舉式民主時代並沒有類似的事件。值得注意的是，到了一九二〇年代，在工會、社會民主和婦女參政運動等圈子，「國際民主」的議題首次出現。但當時歐洲中心經歷了毀滅性的世界大戰和流感疫情，所有帝國都瓦解了，多數人因此不再嚮往和期待跨國民主的論述。選舉式民主陷入了政治地獄，主權領土國家（sovereign territorial states）占據主導地位，並在一九一八至一九三八年大動干戈，最終引發了另一場災難性的全球戰爭。**與集會式民主時代一樣，自治機構無法應對致命的戰爭，世界上某些選舉式民主政體因此崩潰。**

一九一八年一月，美國總統伍德羅．威爾遜（Woodrow Wilson）發表了著名的〈十四點〉演講。他勾勒了結束第一次世界大戰、促進集體安全的未來願景，並敦促世界各地的領導人和公民支持「自由國家社會」（society of free nations）的原則。演講中雖未提及選舉式民主，但在威爾遜想像中的未來，政府遵守法律、承諾自由選舉與商貿自由，每個國家和人民都享有自決權。他希望以自治國家之間的和平合作來取代戰爭和謠言，這個願景背後的支持者則是以「提供各國政治獨立和領土完整之約」為主旨的「國家聯盟」。但事實證明這只是一場空想。不久後，當時全世界只剩下十一個實行選舉式民主的「自由國家」[33]。

兩場全球性戰爭對選舉式民主的理想和結構造成毀滅性影響。有學說主張自治

「主權」國家能保護境內「民族」（nations），這個詞經常與「人民」（people）交替使用。這個學說其實包含了許多承諾：公民不僅能獲得使命感和尊嚴感，他們感覺自己身處在固定疆域之內，除了享有投票權，他們對食物、歌曲、笑話、歷史記憶，甚至是肢體動作擁有共同理解，簡直是如魚得水。在民主過程中，愈來愈多的國家在領導人物支持的民粹主義和狂熱訴求下，漸漸變得蠻橫，這類國家往往引發分裂，而且非常排外、好戰。俾斯麥首相等人善用粗魯言語刺激，讓人民為戰爭做好準備，例如他的名言「德國人！用你們的鮮血思考吧！」貝尼托．墨索里尼（Benito Mussolini）等人是煽動民粹主義的高手，他們能歪曲民主語言，說得天花亂墜之後，最後得出了應該投入軍事發展的結論。他呼籲：「戰爭是人民即將面臨的常態，因此對人民發表演說必定能激發人民對於戰爭的熱情。」什麼方法能最有效地激起戰鬥的欲望呢？將「國旗」插在「糞堆」上，讓大眾覺得備受侮辱，也讓大眾看清楚：「世界上只有兩個祖國，也就是被剝削者的祖國和剝削者的祖國。」他總結，嚮往自治和正義的人民願意為祖國而戰，由此證明「五萬支步槍」比「五百萬張選票」更有價值[34]。

在徹底軍事化的民族國家中，「人民」的覺醒後來演變成歐洲對自己和全世界施加的殺戮。民族主義的自負助長了國家間的紛爭，最後導致必然的結局——戰爭。內戰也是如此，一九二〇年，愛爾蘭島分裂為兩個國家，旋即引發大屠殺和槍戰，北愛爾蘭的天主教徒占少數，他們被迫接受英國民族主義新教徒的統治。在被劃分為兩個民族國家的過程中，近三千名平民喪生。

選舉式民主也受到另一個危機的威脅：民主的平等與資本主義經濟下的唯利是圖、貪婪和破壞該如何協調？這個問題根本沒有簡單的解決方法。我們知道，希臘的集會式民主限制商品生產和貿易，家戶（oikos）的生活必需品由位居低階的婦女和奴隸負責生產，而在公眾場合集會，成年男性公民覺得自己是生活必需品的高階受益者。對於集會式民主主義者來說，政治比經濟重要，他們不相信「經濟」的存在，也不會為了無止境的經濟增長而依循經濟學的資本積累定律。在許多面向上，現代選舉式民主的支持者也反對經濟上的物質崇拜。出於平等原則的考量，他們取消了民選代表必須具備一定財力的規定。選舉式民主讓兒童從飢餓、鞭打、霸凌、家庭暴力與威脅的桎梏中解放出來，也支持獨立工會、和平糾察（Peaceful picketing）*，以及致力於終結薪資奴役和資本積累的政黨。此外，工廠的安全檢查機構和健康委員會也相應而生。地方政府不得不開始注意下水道的建設、垃圾處理和乾淨自來水的供應。

在何塞・巴特列－奧多涅斯（José Batlle y Ordóñez）的領導下，烏拉圭政府進行了堪稱典範的國家福利改革。當時的烏拉圭利用代議制政府，將選舉式民主建構在比較民主的社會基礎上，以此創立更平等的社會，這在西班牙殖民的美洲地區可是頭一遭。即使資方強烈反對，巴特勒－奧多涅斯仍堅持落實每日工時八小時、失業保險、夜間工作限制、退休金和強制執行安全標準等制度。為了促進社會平等，巴特列－奧多涅斯讓日常生活去商品化，並削弱市場的控制力。在巴特列－奧多涅斯的指導下，高中教育免學費且漸漸普及，女性也獲准進入大學就讀。他一再強調，教育是「每個人的權利，不分社會階層」。有一次，他說：「有才能的窮人應該成為學者，而無才能的富人應該去種馬鈴薯。」這番話讓某些公民驚呆了[35]。

這些成就令人印象深刻。儘管如此，**因為資本主義侵略性、唯利是圖的商品生產和交換制度，世界各地的選舉式民主受到嚴重破壞**。美國政治經濟學家托爾斯坦・韋伯倫（Thorstein Veblen）曾指出，選舉式民主可以輕易轉為「一塊遮羞布，掩

* 不使用暴力也未採取非法手段的糾察行動。

一九二九年十月二十七日，威尼斯廣場舉行「進軍羅馬」（March on Rome）*紀念活動，軍人和法西斯民兵舉起黑氈帽，向墨索里尼致敬。

蓋政府為既得利益者階級開方便門的行徑」[36]。批評資本主義的人強調，資本主義雖然承諾「自由人勞動」（free labour）**，但其實向世人施加了嚴重的暴力，兩者互相矛盾。施暴之人可能是劫匪、海盜、販賣奴隸、渴望財富的工廠主或企業家，以及做殖民地生意的商人。另外，資本主義的思維腐蝕了「人人有尊嚴，享受平等」的民主精神。出於自戀、愚昧、庸俗、從眾心態與煽惑行徑，資本主義助長並散播公眾對「自由專斷權」（Arbitrary power）的渴望，也就是所謂的貪婪[37]。

希特勒被任命為德國總理後不久，市面出現一本小冊子，吸引了很多讀者。英國公共知識分子哈羅德·拉斯基（Harold Laski）在小冊子中強調，將資本主義與議會民主結合起來的做法實際上不可行，他也認為代議制民主似乎已經走到盡頭。拉斯基主張，眼前的困難最初源於「平等原則無法在體制框架內找到發聲的機會，體制拒絕讓平等原則融入其中」。拉斯基要說的是，有錢有勢的人、家族和企業控制了

---

* 一九二一年義大利國會選舉中，法西斯黨只取得五三五席中的兩個議席，貝尼托·墨索里尼因此心生不滿，於一九二二年十月二十八日號召三萬名支持者（俗稱黑衫軍）進入羅馬示威。此事件不但使墨索里尼成為首相，也讓全世界了解了法西斯的實力，是國家法西斯黨成功奪取義大利政權的象徵性事件。

** 相對奴隸勞動而言。

石油、煤炭、鋼鐵和巨額融資，因此成為平等原則的主要障礙。拉斯基總結，由於統治階級擔心後果無法承擔，不願意改變資本主義社會的基本特徵，因此政治上應該優先考量如何「徹底調整制度」，而且還須避免使用暴力手段，因為這樣會直接威脅到民主的原則與落實。當務之急反而是透過工會和大選來謀求國家與經濟間的權力平衡，為群眾提供機會，讓他們得以「掌握政治機器，並利用它來矯正經濟制度造成的不平等」[38]。

在一九二〇和三〇年代，數百萬公民及公民代表也發出了不平之鳴。他們發現，現在的財富和權力集中在少數人手中，若以「一人一票」原則進行自治，便很難調和政治與經濟。這個抱怨和民主的歷史有關。從以前開始，選舉式民主和資本主義的倫理和制度密不可分。「沒有資產階級，哪來民主？」曾是句有名的口號。隨著資本主義在世界各地傳播，舊時代對封建制度、君主制和父權的不平等依賴被一一打破[39]。因為商品生產和交換的擴展，國家權力與公民的關係變得緊張。公民擁有財產、渴求公共自由，也具有債權人身分。在這緊張的情勢，荷蘭的某些城市於十六世紀提出「沒有代議，別想徵稅」的原則。因為國家與市場間的摩擦，各個公民社會逐漸形成，且變得更加繁榮。現代資本主義擁有源源不斷的活力、創新技術和更高的生產力，因此擴大了物質上的進步，中產階級也得以崛起。最後，資本主義政府致力於擴大選舉權、建立福利國家政策，因此聯手工會與政黨推行強勢的工人群眾運動。這個意料之外的後果為公民社會的激進化奠定基礎。

資本主義和選舉式民主看似好朋友，現實卻非如此，因為兩者關係始終備受考驗。**選舉式民主覺得自己被資本主義的貪婪本質所威脅，不只加劇不平等、生成階級結構，還肆無忌憚地剝削大自然，除此之外，因為投機的泡沫化，無可避免地引發了嚴重的經濟衰退。**在選舉式民主的時代，經濟蕭條經常引發狂熱的行徑，給世人的生活帶來恐懼和痛苦。經濟的衰退破壞了民主制度，一九二〇和三〇年代，全世界民主制度經歷了驚濤駭浪，像樹梢凍死的嫩芽般落下。

◆選舉式民主的末路

因為銀行倒閉、資本外逃和大規模失業，許多國家的選舉式民主備受挑戰，不僅要面對嚴重的公眾騷亂、承受體制改革的壓力，還有反對議會政治以及國家暴力的革命。有些團體自覺被選舉式民主威脅，因此抵死反擊。某位著名的歷史學家描述道：「隨著民主化的進程向前推進，資產階級更可能加入警告、批評或反對民主化的陣營。[40]」代議者選舉的投票權最終變成普選權，資產階級從此開始對選舉式民主心生不滿，這個時間點非常關鍵。是時候做出一些改變了，而這時，改變確實發生了。

在整個大西洋和歐洲，選舉式民主似乎已經成熟。一九一九至一九二一年間，針對投票的限制大多都取消了。首先放寬到成年男性，後來過了許久，才開放所有成年女性投票。然而，讓殖民地人民和下層階級也享有投票權的呼聲愈來愈高，政府開始受到多黨制的拉扯，在多個政治派系間劇烈擺盪。選舉、政黨競爭以及權力分享不再公平，且效能不彰，無法對數百萬不斷增加的新選民、地主以及盟軍的需求做出即時反應。政府朝不保夕，更迭的速度快得驚人。一九一八年之後，歐洲國家的政府搖搖欲墜，幾乎都無法掌權超過十二個月。政黨的數量成倍增加，行政權力一再瓦解，導致議會跟著四分五裂、不斷磨耗。議員的辱罵不絕於口，他們擲椅洩憤，彷彿動物狂歡節，參議院和眾議院因此停擺，這種情況絕不罕見。**階級、種族和民族的分裂傷害公民社會，引起社會緊張和政治衝突。議會制政府分崩離析，抗拒選舉式民主的武裝反對勢力露出猙獰的真面目。**

這一時期，民主的勁敵主要實行所謂的「紫色暴政」（purple tyranny），他們通常是一心想要扭轉普選和議會民主的強國君主。在一九二九年，亞歷山大國王（King Alexander）的哥哥因在盛怒之下活活踹死僕人，各方認為他不宜為王，因此擁護身為弟弟的亞歷山大國王發動王室政變。亞歷山大國王登上王座後，改寫了南斯拉夫的《憲法》。新憲法將行政權移交給國王，國王可以直接任命上議院一半的議員。此外，只要國王同意，並獲得其中一院批准，法案即可成為法律。新的選舉制度有效限縮了選舉權，並恢復早期的記名投票制，無論出於收賄或脅迫，公職人員都必須把票投給執政黨。

人們開始籲求強勢領導和緊急命令。軍事獨裁以「人民」之名行事。一九三四年，葡萄牙獨裁者安東尼奧・薩拉查（Antonio Salazar）曾說：「我深信，二十年內，如果政治演進的過程中沒有反向而行（retrograde）的作為，歐洲就不再有立法議會了。」[41]這話可不是隨便說說。因為政府不穩定、惡性通貨膨脹，而且當時的波蘭總統加布里埃爾・納魯托維奇（Gabriel Narutowicz）遇刺，波蘭軍隊前總司令約瑟夫・畢蘇斯基元帥（Józef Piłsudski）在政治真空中嶄露頭角，他於一九二六年發動政變並操縱選舉，在一九三〇年獲得百分之四十六・八的選票。接著他逮捕並審判反對派的主要領袖，然後一九三五年頒布了一部新憲法，將獨裁統治合法化。

在歐洲當時的大趨勢中，捷克斯洛伐克是明顯的例外。到那時為止，捷克斯洛伐克除了是世界第七大經濟體，也是維持選舉式民主最久的中歐國家，但卻被民主史上從未經歷過的第三種反民主勢力從外部摧毀，也就是——極權主義。極權主義首先出現在俄羅斯和義大利政壇，然後很快蔓延到威瑪共和國，威瑪共和國持續經歷多次危機，成就了希特勒的崛起之路。在日本，長谷川如是閑（Hasegawa Nyozekan）新創了「上賜的法西斯」或「至妙的法西斯」等說法。極權主義的威脅性非常強烈，它陰險地偽裝成優越的民主形式，但它的捍衛者根本不在乎選舉。希特勒一再強調，議會民主極可能讓天生的統治精英被埋沒。戴眼鏡的東條英機（Tōjō Hideki）將軍是戰爭時期日本法西斯政府的內閣總理大臣，他禁止成立政黨，並於一九四二年四月下旬安排「支持大東亞戰爭」的投票。新極權主義者堅信，極權國家體現「領袖代表主權人民」的理念。一九一八年，布爾什維克的〈勞動暨被剝削人民之權利宣言〉（Declaration of the Rights of the Working and Exploited People）和納粹的民族共同體（Volksgemeinschaft）皆表達了如下觀點：極權主義是為群眾所有、群眾所享、群眾領袖所治的政體，而支撐它的手段則是不妥協的政治權力和鐵腕、組織宣傳、恐怖行動、集中營和暴力崇拜。

全面戰爭、經濟危機、紫色暴政、軍事獨裁以及極權主義的興起就如群魔亂舞，並證明選舉式民主絕非必然。一些著名知識分子和記者對選舉式民主核心原則的批判當然不會幫助民主的發展。貝內代托．克羅齊（Benedetto Croce）是義大利重要的自由主義者，他曾說，普選制度是破壞自由並利於煽動家和投機分子趁虛而入的條件。一九二五年，美國最傑出的政治專欄作家沃爾特．李普曼（Walter Lippmann）出版《鬼影公眾》（*Phantom Public*），他在書中暗示代議制民主建立在「主權和全能公民」（the sovereign and omnicompetent citizen）這個虛假的神話上，這看法當時引起了小小的騷動。他認為，大多數選民「對事實的不怎麼關注，顯得漫不經心」，基本上糊里糊塗，「像一次想舔三塊骨頭的狗一樣困惑」。

民意調查和公共關係等新興領域的指導方針也加入了類似想法。佛洛伊德（Sigmund Freud）的外甥愛德華．路易斯．伯內斯（Edward Louis Bernays）即是奠基者。伯內斯自認是「公共關係顧問」，他將抽樣調查和說服公眾的技術導向了他所謂的「共識營造」（the engineering of consent）。伯內斯認為選民容易受到暗示，跟著本能欲望追尋昇華、克制和秩序。由專家和領袖精心策劃的閃電宣傳戰可以改變群

一九四〇年十一月，群眾聚集在東京皇宮，參加日本天皇兩千六百週年傳統的慶祝活動。流程為恭唱國歌、音樂表演，再來由首相近衛文麿（Fumimaro Konoe）以及裕仁天皇發表演講。國家廣播電台全程進行直播，現場五萬人齊聲高喊三聲「天皇陛下萬歲」。

眾的信念。伯內斯曾在「公共信息委員會」（Committee on Public Information）任職，這個宣傳單位的總部設於華盛頓，主要任務是讓美國人民相信第一次世界大戰能「保護世界民主的安全」。因為這段工作經歷，伯內斯堅持相信上述的選民心態，他在下文交代自己為何不看好選舉式民主：

> 民主社會一個很重要的元素是有意識、聰明地操縱群眾有序的習慣和意見。這種社會機制雖然看不見，但操縱的人構成了隱形政府，這才是國家真正的統治力量。……這些人支配我們、塑造我們的心智、形塑我們的品味、啟發我們的想法，但我們以前從沒聽說過這些人。……他們牽動著線，控制著公眾的思想[42]。

有人依然相信，在自由和公平的選舉中，選民自會理性且明智地選出代表。但對這些人而言，引文的比喻絕不是好消息。「控制公眾思想的隱形控制人」的說法狠狠反駁「代議式民主治理」的原則。這個事實提醒我們，選舉式民主其實不曾經歷流金歲月，因為在二十世紀最初的三十年，全球的選舉式民主幾乎都中止了，只有十來個國家倖存。選舉式民主的敵人竭盡全力，打擊他們口中的無能、致命缺陷，以及邪惡的影響，並且取得了巨大成就。他們試圖以行動證明，選舉式民主只是一派胡言，邱吉爾曾說：「如果不談所有存在於選舉式民主之前的治理方式，那麼選舉式民主確實是最糟糕的政府型態。」反對派利用廣播、報刊和電影宣傳，加上坦克、戰鬥機、毒氣、鐵絲網以及集中營，獲得一次次勝利。他們證明，歷史可以將選舉式民主孤立起來，然後綁架並殘害它的實體和精神。

Part III

監督式民主

MONITORY DEMOCRACY

說到這裡，本書講述的民主歷史旨在呈現民主善變的本質。這些故事質疑了敵人捏造的主流敘事，也對過去民主派的心理盲點、策略錯誤和偏見提出疑問，同時也盡可能地誠實點出民主歷史中的不確定性與未知數。以前的民主先鋒不發一語，但如今他們都有了發言權。如果民主只能藉由了解過去才能向前邁進，在本書的支持下，民主的歷史會充滿更多的民主。

但是當代民主的變化與趨勢卻很難討論，因為現在的事件總是最難定義和評價。歷史學家和政治思想家常常針對已經發生或尚未發生的變化展開激烈爭辯，事情因此變得更難應對了。對某些人而言，我們這一代聽到的是「自由」民主的勝利故事，但在另一些人眼裡，大多數人可以在面對面的場合中決定事情，因而認定集會式民主的舊精神正在捲土重來，對選舉式民主的虛假承諾進行報復。還有一些人主張國家權力、民粹主義，以及資本主義的掠奪下，民主的理想目標已經被拋棄；另外，人類正面臨全球性的災難，現在的民主逐漸變得不合時宜，甚至已經步入衰退[1]。這些說法可以參考，但並不完全教人信服。回顧一九四五年以來發生的所有事件，我們可以斷言，**無論是艱困的情況、可怕的環境，還是經濟崩潰、獨裁、極權主義和全面戰爭的多方夾擊之下，民主的理想和制度反而能獲得再生的機會。**當時的政府雖然腐敗、專橫且暴力，不僅逾越分寸、濫用權威、未能兌現諾言，又給世界帶來了巨大的惡果，但公民決心箝制政府，並勇敢抵抗，這就是「人民力量」。在「人民力量」的推動下，民主的「狂野」特質開始蓬勃發展。

民主的復興與蛻變再次證明民主制度和生活並非一成不變。就算是未曾受到民主精神洗禮的國家，也可以發明民眾自治的新方法，實現民主化的目標。一九四五年後，世界見證了「監督式民主」（monitory democracy）的誕生，這個民主的新型態是驚人且全球性的轉變。世界上大多數人開始熟悉略帶美國色彩、生動的民主語言，這可是有史以來第一次。監督式民主正在世界各地接受考驗。

民主也在非洲南部生根。一九九〇年二月中旬，全世界數百萬的民眾盯著電視螢幕，觀看被囚禁二十七年的納爾遜・曼德拉（Nelson Mandela）走出監獄。近二十五萬人在開普敦頂著大太陽迎接他，爭先恐後地想看看他們的領袖。市民齊聲高歌、握著拳頭、跳舞、揮動旗幟。到了某個時刻，群眾已經對要求大家後退的廣播充耳不聞，幾十人甚至輪流站或坐在曼德拉座車的行李箱上。人群非常擁擠，警察花了兩個多小時才將曼德拉護送到市政廳的講台上。他平靜地站了幾分鐘，禮貌地向人群點頭，然後舉手示意大家安靜下來。在那場二十分鐘的演講，他不時被如雷

納爾遜・曼德拉和當時的妻子溫妮從維克多・維斯特監獄（Victor Verster Prison）離開，抵達開普敦市政廳。迎接他們的是一大群支持者，大家嚷著要剛獲釋的英雄發表感言。

的歡聲打斷。這無疑是一九四五年後數一數二的偉大演講，因為曼德拉在演講中宣布終結種族隔離政策的新紀元正式開始，他有力而清晰地說道：「我反對白人統治，也不贊成黑人專權。我一直珍視民主和自由社會的理想。在這種社會中，大家和諧共處、擁有平等的機會。我希望為這個理想而活，並努力實現這個理想。如果有必要，我也準備為其而死。[2]」

各國統治者好像被媒體高度渲染的事件逼得束手無策、無話可說，甚至走投無路。一九四六年三月，法國作家阿爾伯特・卡繆（Albert Camus）告訴紐約的聽眾，世界「已被權力意志所統治」，被主奴間的分歧撕裂，在「極虛偽」的掩飾下，人類受的苦難不再讓人義憤填膺。這必須改變。從此之後，政治的任務在於「打擊不公正、奴役和恐怖」，並創造出世人認同「誰也無權將自身認定的真理強加他人之上」此一準則的世界。印度民主共和國成立前夕，印度總理賈瓦哈拉爾．尼赫魯（Jawaharlal Nehru）發表〈與命運的決戰〉（Tryst with Destiny）的演講，後來美國總統約翰．甘迺迪於一九六三年六月底透過電台廣播，向全世界數百萬人發表激勵人心的演講〈我是柏林人〉（Ich bin ein Berliner）。甘迺迪講著一口蹩腳的德語，他將自己比作果醬甜甜圈*，但柏林人並不計較這點，只注意他關於自由的不可分割性以及全世界的民主人士都有資格成為柏林市民的論點。他在熱烈的掌聲中說道：「**自由遇到不少困難，民主也並非完美，但我們從來不需要築牆來留住我們的人民，阻止他們離開。**[3]」

一九四五年後，民主的浪濤席捲全球各地。媒體將麥克風和攝影機對準一些當

---

* 據說甘迺迪的「Ich bin ein Berliner」一句犯了語法錯誤，因為它的意思應為「我是柏林甜甜圈」，而非「我是柏林人」。在德語語法中，提及職業或住處時，應省略不定冠詞「ein」，但由於甘迺迪用了象徵手法，故必須加上「ein」，「Ich bin Berliner」反而是不正確的：因為他不是真的來自柏林，只是以此表達和柏林市民團結一致。

時不太知名的民主人物，其中某些人後來成為全球家喻戶曉的角色。天安門廣場大屠殺之後的隔天，一個提著購物袋的年輕人攔下了中國軍隊的坦克車隊。一位女性挺身面對來射殺她的部隊，對方因此放棄扣動扳機，她名叫翁山蘇姬（Aung San Suu Kyi），緬甸語的意思是「一連串奇異的勝利」。

奇蹟並不會天天出現。一九四五年後的幾十年間，民主在某些地區遇到諸多挫折，例如石油藏量豐富的中東「石油獨裁國家」以及非洲撒哈拉以南的前殖民地。巴西也是如此，在美國的支持下，巴西軍政府以鐵腕統治該國數十年。中華民國在一九四八年一月進行立法選舉，但因為毛澤東領導的共產革命造成混亂和暴力，選舉成果在短短幾個月內就付諸流水。政治學家指出，一九五八年，世界上共有三十二個運作良好的多黨民主國家，其中的三分之一在一九七〇年代中期以前就陷入獨裁。一九六二年，十三個國家的政府是政變之下的產物；一九七〇年代中期，軍事獨裁政權的數量增加為三十八個，幾乎翻了三倍[4]。

武力干預經常造成惡果。一九七三年十一月中旬，當時雅典的數千名學生以伸張民主的名義將自己封鎖在校園內，他們利用地下電台，呼籲外界推翻帕帕佐普洛斯上校（Colonel Papadopoulos）的軍政府。為了反擊，帕帕佐普洛斯派出坦克車撞破

二〇二一年二月上旬，仰光教育大學的教師繫上紅絲帶，豎起三根手指，反對軍隊的奴役，並加入緬甸公民的不服從運動。在當月政變後，一萬多名教師被停職，七百多名大學生和高中生被捕，其中許多人遭受酷刑凌虐。

校園大門，數十名學生和支持者遭到槍殺，有些人死於狙擊手的槍下。一九七〇年五月四日，美國轟炸法屬印度支那的消息傳來，肯特州立大學學生發起抗議行動，全副武裝、蒙面的國民警衛隊開槍打死四人、打傷九人，倖存者被迫爬過瀰漫著催淚瓦斯、滿是血汙及嘔吐物的地上才能逃出生天。這是美國歷史上第一次學生在反戰集會上遇害的事件。前法國殖民地阿爾及利亞發生了更糟糕的事。一九九一年底，成立政黨的禁令取消，反對黨「伊斯蘭救贖陣線」（Front Islamique du Salut，簡稱FIS）贏得了國會多數的席位，但很快便因為軍事干預而化為烏有。國家宣布進入緊急狀態，FIS以及地方政務部門被遣散，該國自此陷入了長達十年殘暴又野蠻的戰鬥。

這在民主史上可不是新鮮事。無論是二〇一四年軍事政變後的泰國，或是美國殖民時期反對大英帝國軍隊的革命，武裝鎮壓除了讓公民群起抵抗，同時也帶來一些驚喜。一九四八年，哥斯達黎加廢除常備軍，而台灣公民也對國民黨軍政府做出政治反擊[5]。另外，街頭示威者發起的非暴力行為也讓軍官更想離開政府這灘渾水。鑑於二十世紀發生的災難，各地的民主人士都渴望著沒有鐵絲網、鞭子、坦克和催淚瓦斯的世界，他們期望未來不要再因為街頭傳來軍靴的喀噠聲而膽戰心驚。波蘭民主人士亞當．米奇尼克（Adam Michnik）曾說：「獨裁政權保證街頭安全，但門鈴一響，你必定心生驚恐。在民主國家，天黑後街道可能不安全，但凌晨的街頭上可能只有送牛奶的人。[6]」這句俏皮話適用於葡萄牙，一九七四年初「武力運動」（Movimento das Forças Armadas）中，年輕軍官推翻了馬塞洛．卡埃塔諾（Marcello Caetano）的獨裁統治，占領主要的政府大樓、郵電局、廣播電台和國內多座機場。人群聚集在里斯本的街道上歡迎士兵，並把剛剪下的康乃馨插進步槍槍管。卡埃塔諾數小時後便投降。一九七五年十一月，西班牙的法西斯獨裁者佛朗哥將軍

一九七四年四月二十五日，來自聖塔倫（Santarém）軍營的葡萄牙起義軍駕駛坦克車和裝甲車進入里斯本市中心，並占領了宮殿廣場（Terreiro do Paço）。這時，激動的的市民向他們獻上粉紅色、紅色和白色的康乃馨。此事件啟動了一場政治革命，推動低階軍官所說的「民主化、去殖民化和國家發展」（democratizar, descolonizar e desenvolver）。

（General Franco）去世，他的軍政府也遭遇同樣的命運。

在接下來的幾十年裡，公眾對軍事暴力的憎惡之情經常爆發。菲律賓的選舉官員半夜拒絕計算被動了手腳的選票，由費迪南德・馬可仕將軍（Ferdinand Marcos）領導的軍政府因此垮台。在拉丁美洲，巴西擺脫了該國歷史上最為暴力、犯罪累累的獨裁統治，後續的政治開放（abertura）恢復了新聞自由、頒布人身保護令、大赦政治犯、自由組織政黨和直接選舉州長等一系列措施。烏拉圭素來享有「拉丁美洲的民主實驗室」美名，一九八〇年十一月，該國舉行公民投票，以百分之五十七的決定性多數選票拉下執政的軍政府，並重新制定強調行政執行力的新憲法。由於戒嚴仍未解除，勝利者無法上街慶祝，因此他們身穿象徵民主反對力量的黃色衣服，在蒙得維歐廣播電台主赫爾曼・阿勞霍（Germán Araújo）的建議下，推行「微笑革命」，以上揚的唇角向朋友、同事和街上的陌生人展現輝煌的勝績。

◈聽見人民的聲音：天鵝絨革命

一九四五年之後，民主精神和制度在全球取得了最大的勝利，公民起義震撼了愛沙尼亞、波蘭、東德等中歐與東歐國家，並促成一九八九年蘇聯帝國的垮台。

令人驚嘆的「天鵝絨革命」（Velvet Revolution）席捲了整個捷克斯洛伐克[7]。這個詞源於一九六〇年代出色的紐約搖滾樂團「地下天鵝絨」（Velvet Underground）的名字，但其實這個名字反諷了革命第一天的可怕暴力。

一九八九年十一月十七日晚上，一萬五千名學生在布拉格病理學研究所（Institute of Pathology）外和平聚會，紀念五十年前納粹占領期間一名遇害的學生，當時執政的共產黨也支持這項紀念活動，演說者的名單則由共產主義青年團（Communist Youth Union）負責擬定。哀悼者預計前往布拉格維謝赫拉德（Vyšehrad），在十九世紀詩人卡雷爾・海尼克・馬查（Karel Hynek Macha）下葬的斯拉文墓園（Slavín）集合。遊行隊伍與當局達成協定，活動流程為點亮蠟燭、獻上花圈與鮮花，再來是唱國歌，之後大家便原地解散。

然而活動結束後，隊伍並未解散。成千上萬的學生萌生鬥志，一面唱著國歌，一面自發地走向瓦茨拉夫廣場（Wenceslas Square）。板著臉孔的警察揮舞警棍，擠到這群全國最優秀的知識分子之中。喧譁和歌聲響起，靴子的聲音暫時被「我們手無寸鐵」和「不要暴力！」的叫喊淹沒。示威者擺脫了警察，大膽地往廣場前進，數十名好奇的旁觀民眾默默地加入隊伍，就像趕著去祈禱的僧侶。咖啡館的顧客一口喝完飲料，隨後也走進人群。

隊伍到達國家大劇院時，演員和劇院的工作人員也加了進來，此舉提振了年輕示威者的勇氣。他們毫無忌憚地高呼：「加入我們！國家必須自救！」人數激增到五萬人以上。經過多年的孤立、監視以及思想分裂，對於當時的民眾來說，陪伴永遠都不嫌多。

晚上八點左右，遊行隊伍湧入民族大道（Národní Třída），但白盔防暴警察擋在前面，阻止隊伍到達廣場。人群害怕會再度上演類似天安門大屠殺的場面，擔心自己只能被警察擺布。群眾喊著「我們沒拿武器」，但警察封鎖了所有逃生路線，開始襲擊學生，並拘留了幾百人。

翻天覆地的那刻到了。有些人高呼：「不要暴力！」其他人則說著：「我要自由！」並嘲弄逮捕自己的人。有些人搖響手中的鑰匙串，發出刺耳的聲音；婦女向不苟言笑的警察獻花；一些人點亮了數百支蠟燭，高呼：「我們手無寸鐵！不要暴力！只要自由！自由！」溫暖的黃光在每個人的臉上跳躍著。共產主義氣數將盡，大家很快就會如願以償。

天鵝絨革命爆發的當晚，布拉格的抗議者以和平靜坐、點亮蠟燭、喊口號並呼籲結束共產統治等方式來回應警方在瓦茨拉夫廣場的暴力行為。

◈世界各國重新擁抱自由和民主

在「人民力量」的壓力下，蘇聯迎來戲劇性地崩潰，知識分子的想像力因此被激發了，美國尤其如此，「世界正變得和我們一樣」的說法很快成為主流，且愈來愈誇張。「自由之家」智庫（Freedom House）指出，一九〇〇年君主制和帝國仍是主流，那時還沒有任何國家實行普選制的選舉式民主，選舉中也沒有許多政黨參與。「有限民主」（restricted democracies）的國家僅二十五個，在世界人口中的占比只有區區的百分之十二．四。到了一九五〇年，隨著日本和歐洲的去殖民化與戰後重建，世界上已有二十二個民主國家，共占世界人口的百分之三十一。此外還有二十一個有限民主的國家，共占世界人口的百分之十一．九。報告指出，到了二十世紀末，民主在拉丁美洲、後共產主義歐洲，以及非洲和亞洲的部分地區生根。全球一九二個國家中，至少有一一九個在理論上有資格被稱為「選舉式民主國家」，占比達世界人口的百分之五十八．二，其中八十五個國家享有「尊重基本人權和法治」的民主形式，占世界人口的百分之三十八。因此，報告發現「自由民主」的理想現在已經擴散到整個世界，並興奮地結論道：「二十世紀已成為真正的**『民主世紀』，其特徵是『民主選舉已擴展到世界各地，以及主要的文明和宗教』**。[8]」

法蘭西斯・福山的「歷史終結論」（end of history）講的是同一件事，他說共產主義的崩潰證明「階級問題在西方已經成功解決了」，自由代議制民主尊重公民權利、保障私有財產制、提倡自由市場，且支持自由、公平選舉，這時的民主理想終於打倒了競爭對手。根據福山推測，世界現在或許站在「人類意識形態進化的終點」，而「西方自由民主會成為……人類政府的最終形式。[9]」

這個宏偉的論述其實帶有偏見。「美式自由民主已成定律」的假設並不讓人意外，美國作為全球性的主流國家，當地知識分子看待世界時難免會顯得自戀，不停地在狹隘的鏡頭中尋找不容置疑的自我意象（self-image）。這篤定的觀點有失偏頗，自一九四五年以來，世人見證了許多民主習慣的發明和傳播，這些習慣不那麼正統，且常常違背美國自由民主的規範。民主將全世界塑造得更普世化、國際化，而且不再屬於絕對的自由主義。

位於西非的塞內加爾並不是典型案例，卻發人深省。該國從歐洲引進選舉制，證明民主可以與泛非洲的正向意識「黑人認同」（négritude）相互結合，同時也能融入以務農為主的穆斯林社會。民主推動了非主流的習慣，因此根本不能用「自由民主」概括[10]。十五世紀中葉，柏柏爾（Berber）商人向南穿越撒哈拉沙漠，將伊斯蘭習俗帶進塞內加爾。一八四八年，法國殖民當局開始實行選舉政治，將投票權有限地授予定居於主要城市的成年男子，此舉在當時非比尋常。自此，該地說著法語的精英認定「民主」等於法律之前人人平等、結社自由、新聞自由以及辦理公平公開的選舉。在殖民統治下，雖然只有極少數的人享有選舉權，但是隨著投票和選舉文化逐漸傳播，最終在一九五六年達成了男女皆享有選舉權的目標。一九六〇年，塞內加爾獨立，利奧波德・塞達爾・桑戈爾（Leopold Sedar Senghor）主導的政府想盡辦法在該國實施一黨制，並嘗試禁止反對黨、操縱選舉，但兩者均以失敗收場，部分原因是該國公民大多是說著沃洛夫語（Wolof）的穆斯林，而他們鼎力支持「民主」，當地語言稱之為demokaraasi。

文化坐標轉移的過程非比尋常，政黨領袖、記者以及許多公民都將政黨和選舉比作神聖的清真寺。大眾不費一槍一彈，就能在選舉中用選票推翻政府。政黨和黨魁呼籲選民出來投票，如同負責宣禮的穆安津（muezzin）站上尖塔，召集忠實的信徒出來祈禱。塞內加爾的伊斯蘭教允許世俗人士擔任穆安津，就像任何人都可以創

在塞內加爾的達喀爾（Dakar），星期五可以在街頭就地祈禱。該國的公民由十個民族組成，大多是穆斯林。

建和領導政黨一樣。伊瑪目（imam）源自阿拉伯語，詞根的意思是「在……前面」。伊瑪目在清真寺負責監督穆安津的輪替，並站在信徒的面前帶領禱告。Demokaraasi可比為清真寺，領導政府的人就像伊瑪目，他們獲得社區的支持，並受到真正掌權的宗教兄弟會遠程監督。這些領導者被社群遴選出來，被「推到前頭」，因此大家期望他們能結合政黨的幫助，於日常生活中引導人民。

實際上，將清真寺與民主類比受到質疑。塞內加爾公民提出許多問題，例如該如何選擇伊瑪目和政治家？伊瑪目是否可以對民選政府行使否決權、是否任期有限？既然政府會被人遊說，那麼要如何以最佳的方式應對貧困、歧視婦女與殘障人士、企業開採自然資源和逃稅等現實問題？但對於許多塞內加爾人來說，「清真寺民主」雖然屬於變種的民主形式，卻是饒富意義，這點不容否認。從他們思考demokaraasi的方式來看，這不僅是基於社群意願來選擇政府的方法，也因為用了神聖的宗教語言包裝，成為了一種生活方式，一種將彼此聯繫在一起的信念和制度。Demokaraasi意味著同享資源、相互認可、達成治理共識和社群團結。在這層意義上，Demokaraasi不區分神聖和世俗，反而類似於信徒群體，在神祇嚴格的監督下，藉由多黨制政府和良好的領導調解分歧。

◈監督式民主的興起

從塞內加爾、南非、巴西等國的發展來看，在一九四五年之後，民主不再專屬西方白人，也不再像一九二一年詹姆斯・布萊斯爵士（Lord James Bryce）出版的經典著作《現代民主主義》（*Modern Democracies*）中所提出的論述，更不像納塔爾省（Natal）的某位民主歷史學家所言，立基於選舉的議會政府「主要是英國人的性格和歷史使然」，不適合施行於「人民缺乏管理公共事務的才能或興趣」的地方[11]。

沒錯，廣義來講，各大洲的民主雖然是不同類型，但無論在名義上還是精神上仍然屬於民主的範疇。自認為民主派的政治領袖和公民仍然受到「尊重『人民』同意、非暴力之合法政府」的前提所約束。他們不相信免受問責的集中權力，同時服從「所有公民一律平等」的原則。曾是西班牙殖民地的美洲地區和美國所處的環境與殖民母國截然不同，因此這些國家發展出本土化的選舉式民主，這點非常了不起。

印度即將是世界「最大的民主國家」，但如果拿美式代議制政府的標準加以衡量，其實印度並不是自由民主政體，因為印度並沒有龐大的中產階級、自由市場經濟和重視物欲的個人主義等特點[12]。印度的民主從根本上挑戰了「經濟增長乃民主之核心要求」，以及「唯有大多數公民擁有汽車、冰箱和收音機等商品，自由和公平的選舉才是實際可行」的假設。該國窮人和文盲的人口高達數百萬人，這個超高的占比令人心痛。印度否定了「國家必須先富，才能實現民主」的偏見，反而透過民主來改善物質生活的條件。不僅如此，印度民主的發展與專家們混亂的預測大相逕庭，學者們主張，在頑強務實的民主之前，必定會先強制將宗教神話趕回私領域，也就是法式世俗主義（French-style secularism）。印度政體包含所有信仰，公民使用數百種語言，社會複雜度非常高，因此印度民主人士提出新的論點：民主不再是保護個體與社會平等的辦法，但民主可以最公平地讓不同背景、不同群體身分認同的人和諧且平等地生活，也沒有內戰威脅。

印度證明了民主的精神和要旨在全球進行在地化，融入當地的感受、語言、機構，以及不斷變化、競爭的權力形式。一九四五年後，民主變得更加深刻。但從那時開始，監督式民主開始發展，這個轉變具有歷史意義，卻不太顯眼。這個新的自治形式與集會式民主和選舉式民主截然不同。

監督式民主是什麼？為什麼使用「監督式」這個形容詞？該詞原為拉丁文monere，意即警告、建議。十五世紀中葉，該詞首次引進英語，用以警告即將發生的危險、檢查事物內容和品質的提醒，或是不要做出愚蠢或冒犯行為的叮嚀。**監督式民主形式的特色是快速增長的權力審查機制，這些新的機構不屬於議會，俗稱「導盲犬」、「守門員」和「會叫的狗」。**監督式民主包括監督選舉、共同決定職場（workplace codetermination）和參與式預算（participatory budgeting）等做法，以及未來世代委員會（future generations commissions）、橋梁醫生、真相與和解論壇、珊瑚礁監測網

一九五二年，印度獨立後首次舉行大選。選舉期間，保守派聲稱，女性參與政治會威脅到古老的種姓制度以及性別等級制度。他們認為，在民主平等主義的激勵下，女性的投票率和對公共生活的貢獻開始上升，甚至常常會超過男性的參與程度。印度最貧窮的比哈爾邦（Bihar）在二〇一五年選舉的性別比即為一例。

路等機構。這些監督或問責的機制是民主歷史的後起之秀，出現自各式各樣的背景，不能被簡單地視為「西方發明」。

一九四〇年代，共同決定職場的法規（Mitbestimmung）首先出現在飽受戰爭蹂躪的德國，工人擁有投票權，可以參與公司管理委員會代表的選舉。參與式預算則是巴西的創舉，公民可決定如何使用一部分的公共預算。未來世代委員會具有捍衛未來公民權益的法定權力，發源地為英國威爾斯。橋梁醫生是韓國的拿手項目，大學理工科系的大學生組成志願團隊，負責檢查城市橋梁的安全性。南非設置了著名的真相與和解論壇。珊瑚礁監測網路則是全球合作下的產物。

這些監督機構根植地方政府、國家政府、民間以及跨國環境，代議制政府的架構正在變化。在塑造公民生活以及代表公民利益方面，選舉、政黨和議會的控制力正在減弱。選舉式民主的原則是「一人一票，選出一位代表」，監督式民主的主軸是「一人擁有多元利益、聲音、投票數，選出多位代表」。在這些新條件下，民主不只是選舉。在國家內部和外部，強大的獨立監督機構開始重新塑造權力格局。這些新機構探究權力是否遭到濫用，有時會迫使政府和企業修改行動綱領，甚至可能給他們難堪，企業、民選政府、政黨和政客因此被迫保持警惕。

迄今為止，監督式民主是最為複雜、活力最充沛的民主形式。各地紛紛湧現新的機構，以詞意互通的「人民」、「公眾」、「公共問責」或「公民」之名質疑、調節權力。揭露貪腐醜聞、強烈抗議不道德或不合法勾當的行為逐漸成為常態。雖然選舉、政黨、立法機構和公眾集會並不會因此消失或變得不重要，但不再是政壇的主導和推行者。民主不只是處理和節制民選政府權力的方式，也不再局限於有領土的國家。民主不再能被描述為「濫用統計數據」或是「不受限制、代表多數人意志的政府」，況且這些描述一出現就立刻被批判。捷克摩拉維亞（Moravia）的經濟學家約瑟夫．熊彼得（Joseph Schumpeter）曾說：「民主透過體制的安排來實現政治決策。在這種安排，候選人彼此競爭，爭取人民選票，以此獲取決策權。[13]」這句話從前經常被引用，但如今也不管用了。代議制民主的時代已經過去。現在，無論在地方政府、國家、跨國政府，或是非政府組織和網路的領域，掌權者都會被議會體制之外的機構公開監督與約束。

監督式民主的出現挑戰了以前「民主的關鍵即為選舉」的說法，也從本質上質疑「民主即為控制政府、馴服國家權力之手段」這個常識觀點。監督式民主的精神和權力審查機制究竟如何「向下扎根」，並傳播到以前民主未曾觸及的社會生活領域呢？這點值得注意。集會式民主國家通常將家庭內的權力動態以及婦女和奴隸的待遇視為私人事務。選舉式民主時代，人民抗拒奴隸制，而且不再將婦女、工人和被殖民者排除在選舉之外，民選政府也會干預醫療保健和教育。但是監督式民主在社會生活中實現組織性公眾監督，同時排斥專制權力，這是前所未有的成就。職場霸凌、性騷擾、種族歧視、性別歧視、虐待動物、街友、殘障福利和保護個資等問題已經成為民主政治的核心議題。

政黨、議會以及民選政府通常會對這些問題做出回應。因此，監督機構和監督網便成為政治的真正驅動力，並幫助深化民主。平等和開放的精神在社會生活中傳播，甚至跨越國界，自然而然地，「公民社會」成為民主史上第一個全世界民主人士都常常使用的詞語[14]。監督式民主會出現在任何濫用權力的地方，從家庭生活到就業領域都能看見。原本無可爭議的規則如今常受到檢驗，檢驗的執行者不限於政府的民選代表，還包括許多機構。這些機構提醒數百萬公民一個簡單但永恆的真理：民主讓每個人做出巨大的轉變，無論是思考方式和日常生活中，都必須對權力濫用更加敏感。為了反抗霸道和欺凌，必須在內心培養民主精神，並傳播給其他人。公民必須堅信，雖然政府負責管理我們的生活，但他們的管理權其實源自公民，政府必須以被統治者的意願作為基礎。如果大眾不再認同這些機構，並且要求替代方案時，哪怕做出的改變再小，情況都還是會改善。

◆監督式民主的意義：讓人民親自監督

近代才開始發展的監督式民主是不是永續、不可逆轉的？這點我們還不清楚。懷疑論者可能想知道更多監督式民主的新穎之處，他們最想了解的應該是監督式民主如何發展起來。民主故事中，創新之路總是曲折，實在不容易概括談論。監督式民主的起源與推手不是單一力量，而是國家的崩解、公民的不滿以及純粹的好運氣等多方力量推動而成。此外，托克維爾很久以前就發現「民主傳染」（democratic contagion）這個重要因素，一般認為，當一部分的負面情緒獲得撫平，其他的負面情緒也要一起消去[15]。

監督式民主出現的另一個原因是政治災難的作用，雖然這個解釋不那麼顯而易見，卻非常重要。在民主史上，比起黑暗和絕望，政治崩潰與戰爭的暴力、憐憫和苦難有時更有影響力。政治危機經常催生新民主制度的誕生，例如議會的興起。二十世紀上半葉也是如此，在這個時期，人類遇到有史以來最殘酷的事件，包括一場經濟蕭條和兩次世界大戰。人類不僅遇到可怕又殘忍的行為，以往的安全結構也被打破，引發了侵略和權力爭奪，民眾的怒意被釋放出來，嚴重的動盪隨之出現。俄羅斯的布爾什維克主義和史達林主義、義大利的法西斯主義、德國的納粹主義，以及日本軍國主義攻擊了選舉式民主。這些政權譴責選舉式民主的議會猶豫不決、自由主義的困惑、資產階級的虛偽，以及軍事上的懦弱。二十世紀中葉左右，民主幾乎崩潰，顯得精神不濟、癱軟無力，眼看就要失敗了。一九四一年，羅斯福總統呼籲「保護民主的火苗，不能讓它被野蠻暴行撲滅」，無數反對者卻唱著反調，聲稱實行選舉式民主的國家只剩下十來個，未來肯定會是獨裁者和極權主義的天下[16]。

接下來卻發生一些了不起的事。因為戰爭、獨裁和極權主義帶來的殺戮，來自各個政治光譜、立場各異的思想家和作家改變了對民主的定義以及道德辨證。這些思想家和作家觸發物理學家和天文學家所稱的「暗能量」（dark energy），雖然當年的事件相當嚴重，但民主的內涵並沒有被影響，反而經歷了戲劇性的擴張。德國作家托馬斯・曼（Thomas Mann）指出：「民主必須對自身進行深刻而有力的反思，並更新民主精神和道德上的自我意識。」一九二〇和三〇年代，選舉式民主反而有利於煽惑者的崛起，德國哲學家西奧多・阿多諾（Theodor Adorno）稱其為「受崇拜的吠犬」（glorified barkers），許多人對此表示震驚和沮喪。民粹主義者擅長號召「人民」登上歷史舞台，但其實只是藉人民之名進行箝制、殘害和謀殺，破壞選舉式民主維護的自由和政治平等。當時的世人都會同意，災難證明「由於統治者保護人民的生命和財產，人民理應服從政府」的觀點很幼稚。人民與政府間的協議作廢，政治上甚至很危險。從柏拉圖、修昔底德，一直到十九世紀的民主反對者批評「暴民統治」由無知而邋遢的平民所實行，但這已不再是最大的問題。極權主義證明暴民統治的根源是善於操縱、引誘「人民」的惡劣領袖，他們用蠻力和欺詐之術進行統治，導致了近代最根本的政治問題。

因此，在一九四〇年代，人民開始想像民主的新歷史形式[17]，創立獨特的精神與新制度，立志打擊專橫、無須接受公開問責的權力。愛爾蘭文人C・S・路易斯（C. S. Lewis）深刻理解這一點：「民主的熱情大多源自『人民』的理念。……人民相信民主，他們認為人類如此聰明、良善，每個人都應該在政府中占有一席之地。但這個想法很危險，因為以上理由都不是真的。……民主存在的真正原因是誰都不能被賦予無限的權力，任由他去統治同胞。」

這一時期，中國作家林語堂寫的《吾土與吾民》十分暢銷。他用更簡練的語言表達相同觀點。政客不是「愛民如親、實行仁政」之人，而是應被視為「潛在的罪犯」，並且要「防止他們搶劫人民、出賣國家」。民主必須假設人民「是潛在的騙徒，而非誠實的紳士」，不能期待他們總是為善，因此「必須想辦法令其無法使壞」[18]。

無論是左派還是右派，全世界的作家、神學家、科學家和學者都很憂心，他們覺得代議制民主雖然勉強從經濟崩潰、戰爭、獨裁和極權主義的魔掌中逃脫，但可能也只是暫時的。他們呼籲世界做出新的補救措施，整治選舉式民主的弊端，更重要的是不再樂觀地看待「人民主權」。世人普遍拒絕口口聲聲說著「人民意志」的法西斯假民主。約瑟夫．熊彼得曾擔任奧地利第一任財政部長，之後投資銀行事業賺到了一大筆錢，卻又賠個精光，最終才到哈佛大學擔任教授。他曾提出警告，「別有用心、圖謀私利的團體」為了製造「人民意志」，常常「操弄政治、作秀」。法國天主教哲學家兼人權捍衛者雅克．馬里坦（Jacques Maritain）堅信：「人民不是上帝，不僅沒有無懈可擊的理性，也沒有毫無缺陷的美德。」一九四〇至四一年，J．B．普里斯特利（J. B. Priestley）曾在英國國家廣播公司主持週日晚間的廣播節目，他在節目中反覆提出「誰是人民？」的問題，吸引了許多反對邱吉爾的聽眾。普里斯特利的回答讓人聯想到希特勒：

> 人民是真實的人，被刺傷就會流血。他們有父親、母親、姐妹、兄弟、愛人、妻子和孩子。他們在恐懼和希望之間搖擺不定。他們擁有奇特的夢想，並且渴望幸福。他們有名字、有臉孔，不是抽象的東西[19]。

一九四〇年代的反抗者切身感受這一點，悲傷和驚恐太過深刻，他們已經流不出眼淚了。他們目睹選舉式民主變得軟弱，自願為虎作倀，助長極權主義的破壞行為。反抗者不願就此妥協，他們堅信必須抵抗極權主義者的嗜血性，以及對於無限權力的貪婪渴望。因此，他們認為需要徹底改造民主的語言，以不同的方式談論民主，加入創新的想法並實踐。在這個絕望的時代，詩意非常關鍵：沒有新詞、新意，就不會有新的民主。反抗者確信，迷戀選舉和多數決統治乃是危險又愚蠢的行為，必須打破它們對民主的掌控。民主太寶貴了，不能被政客和政府操弄，「選舉是民主之核心與靈魂」是過時的錯誤觀念。為了保護公民免遭恐嚇和脅迫，民主亟需作出新承諾，除了自由和公平的選舉，也要尊重多樣性，並減少社會中的不平等。

反抗者並沒有直接提出以上論述，而是呼籲對選舉式民主「主權人民」的原則進行第二次民主化。如前所述，選舉式民主的二次想像貶低「人民」這個抽象原則。選舉式民主強調政治領導的重要性，並提出任何民主政體都必須為公眾輿論的常態性差異以及物質利益上的分歧提供空間。在古雅典時代，這個觀念並不存在。反抗者進一步提出兼具理論和務實的新任務：確保民主可以對抗各種「權力濫用」，例如以「主權人民」之名的選舉帶來的所有罪惡。

這個共識中仍存在分歧，例如私有財產的利弊、自由市場反對中央集權制等議題。起草印度《憲法》的阿姆倍伽爾（B.R. Ambedkar）即持不同意見。他曾警告，如果資本主義不受到約制，民主會變得很矛盾。因為大家一方面追求著政治平等的良好統治，一方面社會卻被嚴重不平等現象所破壞。許多評論家提議創立公益性的國家福利機構，讓民眾享受教育和全民醫療保健。一些人進一步支持工人投票選出公司董事會代表的權利，將選舉代議制擴展到市場的核心，後來的德國、丹麥、法國、瑞典等國家便採取了以上做法。

撇開分歧不談，大多數的反抗者都堅定地反對不受約束的權力。美國神學家萊因霍爾德．尼布爾（Reinhold Niebuhr）讓世人見識到更新和改造民主的重要性，並贏得許多傑出人物的敬仰，其中包括小馬丁．路德．金恩（Martin Luther King Jr）。他在一九四五年出版的《光明之子與黑暗之子》（*The Children of Light and the Children of Darkness*）中寫道：「不受控制的權力帶來危險，但會讓我們想到民主社會的美德。然而，現代民主需要現實的哲學和宗教基礎，不僅為了預測和理解現代民主所面臨的危險，也因為需要一個更具說服力的理由來為民主辯護。」他的結語後來成為膾炙人口的名言：「**人類行使正義，因此民主才可能實現。但人類往往並不公正，因此民主才有其必要。**[20]」這句話暗示了對民主的新理解，在定期選舉、多數統治與人民主權等傳統舊原則上，加入更深入、更普遍的標準，持續對權力進行公眾監督、制約和控制。

政治思想家漢娜．鄂蘭（Hannah Arendt）十分明白新的民主精神，並呼籲積極對抗專橫權力。她在一九四五年寫道：「『邪惡』將是歐洲知識分子在戰後要面對的基本問題。」事實上，不受約束的權力造成了全球性傷害和痛苦。有些思想家提議放棄「民主的固有根據地是主權領土國家」這個主流假設。法國傑出法學家勒內．

卡森（René Cassin）曾在第一次世界大戰中受傷，因殘障退伍，後擔任戴高樂的首席法律顧問，以及《世界人權宣言》的共同作者，他也曾被維琪法西斯政府判處死刑。卡森認為，主權領土國家也就是「利維坦國家」（Leviathan State）。他們呼籲將權力平等的民主原則擴展到領土邊界之外，這是當時最大膽的倡議。德國學者卡爾．弗里德里希（Carl Friedrich）寫道：「過去二十年的歷史清楚證明憲政民主無法在國家層面上有效運作。」托馬斯．曼同樣否定以國家為中心的民主，他認為多邊主義的機構可以保護弱勢的少數群體，使公民免受國家、企業的民族主義與權力濫用所危害。托馬斯．曼說：「我們必須爬得更高，才能綜觀全局。此外，民主的啟發必須出於對人類尊嚴的感受與意識。[21]」

◈數位通訊革命：加速監督式民主的落實

現在的民主以新的公共問責制為後盾，持續爭取自我治理，但在風雨飄搖的一九四〇年代，當時的人究竟如何防止權力集中？這是我們要釐清的部分。大眾呼籲公民應該更頻繁地參與公共事務，尤其是城市和職場層面，但他們並不認同廢除代議制政治並回歸古希臘集會式民主的觀點，因為這無法應付當時的重大難關。世人必須採取更大膽、更有前瞻性的措施。德意志聯邦共和國、印度等國家選擇頒布成文憲法，規定民選政府有義務尊重公民的基本權利，藉此防止政府濫用權力。另外，世界各地出現許多致力於保護人權的創新組織、監督網和人民運動。

這十年間，成就最高的是起草於一九四七年至四八年《世界人權宣言》，這份宣言已被翻譯成五百種語言，是有史以來最多翻譯的文件。《世界人權宣言》的目標是應對戰爭帶來的種族屠殺，強調人人有資格享受本宣言所載的一切權利和自由，「不分種族、膚色、性別、語言、宗教、政治或其他見解、國籍或社會出身、財產、出生或其他身分等任何區別。」序言談到「固有尊嚴」以及「人類家庭所有成員平等的和不移的權利的承認」。《世界人權宣言》解決了困擾著集會式民主和選舉式民主的基本問題：到底誰能決定「人民是誰？」若將民主重新定義為「保護和培育全球的人權」，每個人都有權行使自己的權利，並透過獨立的公共監督以及自由結社來杜絕專制權力，任何民選政府都無權欺凌任何人或團體。即使出於「民主」和「主權人民」的名義，也不允許酷刑、欺凌婦女、虐待兒童、操縱選舉、宗教歧視和媒體審查。

《世界人權宣言》的作者。勒內・卡森（左二），中國劇作家、文學評論家兼外交官張彭春（左三），起草委員會主席埃莉諾・羅斯福（Eleanor Roosevelt）（中），以及信仰希臘東正教、來自黎巴嫩的托馬斯主義思想家查爾斯・馬利克（Charles Malik）（右三）。一九四八年十二月十日，馬利克於向聯合國大會提交了最終草案。

四千五百萬人死亡、恐怖的物資破壞和精神痛苦、巴基斯坦與印度的血腥分裂、柏林封鎖、英國支持的以色列政府清洗，和數十萬巴勒斯坦人遭到驅逐……這些政治上的緊張局勢帶來一片黑暗，但新的民主思維就像黑暗中的燭光。令人印象深刻的是，新的民主設計出數十個前所未見的權力調節機構。監督式民主的時代見證了代議制、民主問責制和公眾參與的應用，範圍甚至擴及到公民集會、宣講會（Teach-in）*、氣候罷工罷課、反貪腐委員會，以及南非起草新憲法時借鑑他國的「憲法遊獵」（constitutional safaris），另外還有印尼的地方宗教法庭、印度的公共利益訴訟、消費檢測機構、醫療委員會、軍事法庭、民主咖啡館、同儕審查小組、調查報導，以及致力於揭露和制止權力濫用的網路平台。

事實證明，創新有利於民主原則的落實，決定「誰該得到多少、何時得到，以及如何得到」，但創新應該出於積極的公民參與、大眾監督與權力約束，不能只是空口談論「投票權」或選舉式民主。自一九四〇年代以來，監督式民主始終秉持著反抗專制權力的精神。然而，最近民主創新的活力大多出自數位通訊革命，在過去

---

* 大學師生針對引起爭論的問題進行討論或辯論的集會，尤其是為了反對某一政策。

的半個世紀，數位通訊革命重塑了全球的機構和世人的日常生活。

人們不關心傳播媒體如何建立和塑造歷史上所有的民主形式。集會式民主時代以口語為主，法律通常刻在石頭上或寫在莎草紙上，只能靠驢、馬或人的雙腳傳播訊息。選舉式民主出現在印刷文化發展的時代，訊息的傳遞媒介變成書籍、小冊、報紙、電報和鐵路；當早期的大眾媒體開始發展，廣播、電影以及初期的電視出現之際，選舉式民主便陷入了危機。相較之下，監督式民主已經與多媒體社會聯繫在一起，權力結構不斷受到公民及數位媒體生態系統的追蹤和抵制所影響。彼此連線的媒體設備建構出交流頻繁的世界，並統合了文本、聲音和圖像，藉由多個用戶在模組化（modularised）全球網路中進行通訊，供全球各地的數十億人口參考。監督式民主和電腦化媒體網路可說是連體雙胞胎，要是這種頻繁使用的交流新體系突然崩解，監督式民主可能就無法存續。

我們知道，有人會透過隱藏的演算法、企業蒐集的數據、政治上的煤氣燈效應（gaslighting）、國家監視或其他頹廢手法來操縱訊息，但這類手法同樣會使公眾做出頑固的抵制。頻繁的交流助長了監督式民主的勇往直前[22]，而且永不停止。在選舉式民主的時代，印刷文化和有限的視覺媒體可以與政黨和政府結盟，也可以被操控。**監督式民主時代見證了對權力的批判，政府、公民社會的組織、領導人物和部門都無法避免。**權力不為人知的一面都可能被「宣傳」和「公開曝光」。出生和死亡、飲食和健康都不再確定。警察如果對少數宗教、弱勢種族和性少數群體暴力相向、濫用權力，則不能被視為「正常」行為，更無法被寬恕。公家機構處理全球瘟疫影響下的財富分配、就業和福祉，這已經被視為政治問題。在交流頻繁的時代裡，任何問題都無法隱藏，也不可能無條件地躲過媒體的報導與被政治化的命運，愈「私密」的問題愈常被「宣傳」。沒有什麼東西是神聖不可侵犯的，設法保護或重建自己心目中神聖之物的努力也並非神聖不可侵犯。過去的幾個世代會發現，整個過程的規模和民主的強度令人驚訝。從臥室到會議室、從官僚機構到戰場，只需按下相機快門，不為人知的世界就能公之於眾。公民和記者善用多種媒體平台，揭露權力真相、提升訊息自由、令政府和企業更透明，並讓這個烏托邦式理想保持活絡。難怪在監督式民主的時代，公眾對不法和貪腐行為的反對非常普遍。被爆出來的醜聞愈來愈多，甚至會像地震一樣撼動政治秩序。

◆監督式民主和環境保護

在監督式民主的時代，某些醜聞竟演變成傳奇。二〇〇〇年代，美國曾入侵伊拉克，這場軍事行動造成了巨大破壞，但為這場行動辯護的人竟編造出彌天大謊，來掩蓋大規模殺傷性武器。在這個時代，每個領域都可能成為「宣傳」和「公開曝光」的目標，新的公眾異議也冒出頭來，最引人注目的是人類與環境的交流。

監督機構展開行動，阻止世人肆意破壞環境，並公開警告世界，地球未來恐不適人居，這在民主史上還是頭一遭。各種綠色政黨出面，第一批是一九七〇年代初期成立於澳大利亞的聯合塔斯馬尼亞集團（United Tasmania Group）與紐西蘭的價值黨（Values Party）。獨立的法定機構會向政府彙報情況，以便政府一步步實現淨零排放，例如英國的氣候變化委員會（Climate Change Committee）。《生物多樣性公約》（*Convention on Biological Diversity*）和《奧胡斯公約》（*Aarhus Convention*）等全球生物協議呼籲各國政府計劃環境相關的決策時，能讓公民知情並參與其中。環境影響聽證會和公民科學計畫大幅成長，例如英國鼓勵在地居民充當環境管理員的露天實驗室計畫（Open Air Laboratories）。多媒體公民示威成倍增加，包括氣候罷工以及「反抗滅絕」（Extinction Rebellion）。大型地球觀察峰會、生物區域聚會、綠色智囊團和學院，以及保護海洋環境的會議與在地倡議並駕齊驅，例如在城市空間建造給蝴蝶和蜜蜂的「橋梁」，保護瀕危物種免受交通影響。二〇一四年，紐西蘭奧特亞羅瓦（Aotearoa）提出《尤瑞瓦拉法案》（*Te Urewera Act*），首次在法律上重新將土地定義為「享有法人所有權利、權力、義務和責任」。

另外，與保護生物圈相關的條文也首度被編入憲法，此舉從根本上改變了民主政治中「公民身分」的含義。蒙古國《憲法》第二章第六條明確規定，公民有權享有「健康、安全的環境，免受環境汙染和生態失衡之影響」。斯洛維尼亞《憲法》70A章規定「人人有權飲用淨水」。不丹王國《憲法》第五條則規定，每位公民必須支持並採用對環境友好的辦法和政策，保護不丹豐富的生物多樣性，防止生態因為視覺汙染、噪音汙染，和有形汙染而退化。另外，太平洋東北部的「人民島」海達瓜伊（Haida Gwaii）和澳大利亞中部的烏魯魯－卡塔丘塔（Uluru-Kata Tjuta）國家公園引領了新潮流，這些地方的土地和環境管理計劃由土著組成政府自治。

以上這些對於我們思考民主的方式都具有重要意義，也對世界充滿活力但脆弱的複雜性表達強烈的民主意識，更提升了對生物和非生物之間緊密聯繫的認識，同

二〇二〇年二月，在劍橋三一學院，參加「反抗滅絕」行動的抗議者挖開艾薩克·牛頓（Isaac Newton）蘋果樹周圍的草坪。「反抗滅絕」是非暴力公民倡議，旨在促使政府和企業針對氣候問題採取行動。三一學院持續投資煤炭和天然氣開採事業，因此引起國際媒體的報導。這次精心策畫的行動向學院表達抗議，之後學院決定減少投資化石燃料業兩千萬美元，並承諾到二〇五〇年實現淨零排放。

時尊重其他生物與非生物，他們也應當在人類事務中擁有正當權利。除此之外，這些平台設計出新方法來譴責和懲罰人類濫用環境的惡行，他們認為人類為了享有賴以生存的乾淨空氣、水和食物，必須守護自己的居住地。這些實驗讓世人看出平凡中的不凡，並且珍惜平凡，也督促世人身體力行、採取行動。這些執行者堅信，有些東西不可買賣，但公眾往往不了解氣候變化、物種破壞與「發展」需要付出多大的代價。他們呼籲人類不要沾沾自喜、一味沉浸於「經濟」、「國內生產總額成長」、「進步」和「現代化」的意識形態，應該更謹慎地改以深時之感（sense of deep time）探究，藉此強調生物圈脆弱的複雜性及多元性

綠色平台將世人平常對民主的理解變得更複雜、多元。它們擺脫民主的人類中心視角，重新定義民主，質疑「為什麼假設人類是萬物的頂峰、宇宙的領主，能名正言順地支配並擁有自然呢？人類是不是地球上至高的權力和威信呢？」監督平台將政治的發言權賦予大自然，並引用法國人類學家布魯諾・拉圖爾（Bruno Latour）提出的「事物議會」（parliaments of things），將政治與自然界重新連結起來。這個論點的核心觀念是：「法律的中心不應該是人，而是生命。[23]」人類的命運與生態系統深深糾結在一起，不再是高高在上的角色。民主因此獲得了新的定義：由認為人

類及自然界同享平等立足點的代議機構負責對權力進行公開的問責。

◈監督式民主的艱難時期

環境衛士警告，除非人類改變自己的行為，否則情況可能會變得很嚴重，監督式民主的理想和制度可能將與數百萬生物群系（biomes）和生物物種一起消亡，其中可能還包括名字有待商榷的「智人」。過去的民主國家經歷過喪失自信和自我毀滅的階段。在西元前四世紀後期，雅典面臨亞歷山大大帝入侵，紀錄顯示雅典公民變得非常沮喪，面對壞消息時，整個議會陷入多次沉默。一九二〇和三〇年代，許多選舉式民主國家亂了方寸，向敵人投降或是胡亂屠殺。今天，數百萬人認為民主受到威脅，灰心喪志的情形和以前不相上下。但這次和以前不同，這些警告最早出現在一九四〇年代，世人開始擔心全球核子武器會帶來怎樣的毀滅。如今，有人提醒世界注意日益頻繁的環境災難以及連鎖效應，但以前並沒有這麼多人因為認為地球面臨文明危機，需要採取激烈行動來拯救物種，沒時間卸責或慢慢改革，而主張擱置或暫時放下民主。

一連串的焦慮加劇了世人對全球民主未來的擔憂。今天，大家最常抱怨的是代議制政府被中央集權國家架空，朝著托馬斯・傑佛遜所說的「選舉專制」（elective despotism）偏移。著名的民主歷史學家皮耶・羅桑瓦隆（Pierre Rosanvallon）認為，當代民主國家的政治重心已經從政黨、選舉和議會轉向強而有力的治理。政府的立法部門如今屈服於寡頭治理，「總統制時代」即將來臨，但公民不滿地大聲抱怨：「領袖未經協商便做出決定、不為行為負責任、撒謊還不受懲罰，把自己關在象牙塔裡。[24]」

這個變化就像一場緩慢的政變。唐納・川普（Donald Trump）總統未經立法機構批准便直接任命政府部門長官、發布封口令、進行洩密調查和祕密付款等；在COVID-19疫情期間，德國和南非等國的領袖動員政府機器，實施延長封鎖。種種跡象表明，選舉專制引發了公民的不滿、對政客的批評，還產生了針對「民主」本身的反對心理。不少人認為這個發展比預期中嚴重，甚至有人主張民主已經完蛋了。

二〇一九年，一項針對二十七國所做的調查發現，百分之五十一的受訪者「對民主運作的方式不滿意」。根據《經濟學人》智庫研究人員的紀錄，二〇〇七至二〇一七年間，大眾對民主的信心持續下降，對透明度、問責制和貪腐現象的擔憂則明顯增加。斯堪地那維亞著名的民主監督機構指出：「讓選舉有意義的各個民主面向正在下降。近年來，媒體自主權、言論自由、多方資訊來源、法治等項目的跌幅最大。」該機構總結道：「民主正處於危機之中。民主的價值包括透過自由公正的選舉選出領袖的權利、言論自由，與法治，但這些價值在全世界受到打擊，並且節節敗退。」

從監督式民主未來的活力來看，年輕人對民主最不滿意，全球皆是如此，這點最令人擔憂。他們好像看穿了老一輩的官腔排場、虛飾，以及了無新意的保證[25]。

印度正在迅速成為世界上最大也最失敗的民主國家，但當地的某些發現不太討人喜歡。二〇〇五至二〇〇七年間，印度人民對民主的支持率從百分之七十下降到六十三。公民對民主的「滿意」度從百分之七十九下降到五十五，受過高等教育人士的滿意程度更低，只有百分之四十七。二〇一〇到二〇一四年間，超過一半的受訪者表示他們支持「一個由強勢領袖主導的治理體系，在不受議會或法院干預的情況下做出決定」，一九九九至二〇〇四年間只有百分之四十三的人民這麼認為。對軍隊的支持反而高漲，印度、越南、南非和印尼是全世界上少數幾個支持軍事統治的國家，有百分之五十三的公民表示同意。瑞典V-Dem研究所在二〇二〇年的民主報告中指出，印度「幾乎失去了民主國家的地位」，並將該國排在獅子山、瓜地馬拉和匈牙利之後[26]。

拉丁美洲的消息也不樂觀。根據報導，不到四分之一的公民對本國的民主感到滿意（只有24%），這是民意調查開始以來最低的數字。許多人抱怨貧困和社會不公。阿根廷的人口一共四千五百萬，超過百分之四十的人以及近六成的兒童生活在貧民窟裡。二〇〇〇年後，墨西哥開始轉向多黨民主，然而根據官方紀錄，生活在貧窮線以下的人反而增加到總人口的一半以上。因為窮人太多，黑手黨的暴力程度快速躍升，數十名民選市長遭暗殺，數百名記者被謀殺或失蹤，遇害公民超過一百萬人。

不少觀察家指出，許多公民的不滿可以歸因於貧富差距的擴大，這根本是嘲諷民主主張的平等原則。在全球疫情大爆發的第一年，印度、瑞典、法國和美國等國億萬富翁的財富總額增加了一倍以上。每個民主國家都感受到「資本主義和民主最終無法兼容」的壓力，我們似乎再次回到過去，民主自治的平等主義精神又被簡化為「一塊遮羞布，掩蓋政府為既得利益者階級開方便門的行徑」[27]。富豪掌權、精

小暴君、大暴君。二〇一五年二月，匈牙利總統維克多．奧班（Viktor Orbán）和俄羅斯總統弗拉迪米爾．普丁（Vladimir Putin）在布達佩斯召開記者會，並展現兩人的好感情。會中，兩人宣布匈牙利協議和能源巨頭俄羅斯天然氣工業股份公司（Gazprom）購買俄羅斯核能技術和天然氣。

英治國，以及「零工經濟」（gig-economy）中兼職、低工時、低薪、無長期保障或工會支持的「朝不保夕階級」（precariat）大量出現，種種都給日常生活帶來傷害。

幾位重要政治思想家指出：「企業勢力、遊說行業對政治和腐化的代議程序」損害了民主制度，「媒體造成政治對話的退化」乃是「制度的基礎，而非衍生」。商業媒體打破公民的團結力、操控公民，並幫助私人企業控制政府，形成「反轉的極權主義」（inverted totalitarianism）和「受操控的民主」[28]。因為企業勢力對民主制度進行殖民，一些歷史學家勾勒出「第三波民主浪潮」和「自由主義民主之勝利」的故事，自一九七〇年代以來，西方民主已被「商業、銀行業和政治領袖三方弄得面目全非」。「拯救資本主義」的國家政策削弱工會、推動公共服務的鬆綁，並且推動消費文化，鼓勵私人信貸和神聖的「個人不負義務」原則[29]。

◈新的專制主義開始興起

除此之外，在社會和政治層面上，環境掠奪、國家權力集中以及金融資本主義帶來的破壞性影響讓人沮喪，世人進一步意識到監督式民主國家正面臨專制政權，全球人民因此更加沮喪。土耳其、俄羅斯、匈牙利、阿拉伯聯合大公國、伊朗和中國等國的政治結構都是由上而下，並運用早期還未出現的方法來確保人民的忠誠。

監督式民主的批評者抱持懷疑主義，否定「民主即權力分享」。中國的批評家對美式自由民主的攻擊尤其凌厲，學者蘇長和認為當務之急是「批判西方民主的語言」。他認為，「為了培養真正的自由精神和獨立的民族性格，(中國)首先要正視西方少數人提倡的民主理念，並將這理念的地位從普世性降至地方性。」他寫道：「中華人民共和國絕不能掉入『民主陷阱』，不能走向『社會分裂、民族對立、政治紛爭、無盡的政治動盪、政府軟弱』的未來。」中國記者康榮補充道：「西式的自由民主主義只是民主的一種形式。它既不讓人民當家作主，也不把人民的利益放在首位。歸根究柢，那只是為了少數人利益而犧牲大多數人利益的寡頭政治。」

中國最著名的科幻作家劉慈欣更是直言不諱。二〇一九年，他告訴《紐約客》：「中國要是轉變為民主國家，那將會是人間地獄。」這挑釁的說法再次出現在他的暢銷三部曲《三體》的結尾。劇情寫到外星物種的入侵引發災難，地球上大部分的人口被隔離到澳洲。劉慈欣寫道：「重新安置的社會發生了深刻變化。人們意識到，在這個人人飢餓的擁擠大陸上，民主比專制更可怕。每個人都渴望秩序以及強大的政府。[30]」

新一代專制政權中那些自信滿滿的統治者正好能提供「人民」認同的秩序和強大政府，全世界的專制政權正在試圖取代權力共享的監督式民主。人民相信西方民主正在分崩離析，專制統治者因此如虎添翼，他們想對抗全世界的監督式民主，正如一個世紀之前，獨裁君主或極權主義政權對選舉式民主國家的圍剿。新式專制和以前的暴政、專制或是軍事獨裁完全不同，也不能與二十世紀的法西斯主義或極權主義混淆。

專制主義（despotism）是新型的鐵腕國家，強硬的統治者善於操縱和干預人民生活，他們取得人民的支持和服從。專制主義以財富、金錢、法律、選舉打通關係，形成自上而下的依賴，同時收買媒體，強調政府捍衛「人民」和「國家」（這兩個詞經常交替使用），免受「國內顛覆勢力」和「國外敵人」的侵害。專制政治是自上而下的權力金字塔，但不是僅僅建立在鎮壓和暴力上，而是靈活治理。專制政治不只是一再重複「人民主權」的口號，領導人物還擅長利用民意調查機構、智囊團、競選活動、幸福論壇（happiness forums）、政策回饋小組（policy feedback groups）、線上聽證會等機制，預先察覺人民是否有異議。在欺騙和誘惑的伎倆上，新專制主義的統治者力求完美，更擅長操弄「幻影民主」（phantom democracy）。他們掩飾自己以暴力來對付拒絕服從的人，並使用細心調校的壓迫、失蹤和密室酷刑等狡猾手段，取得中產階級、工人和窮人的忠誠。他們培養恭順的人民，讓他們甘願俯首聽命，甚至自甘淪為奴隸。由最近自信滿滿的中國領軍，新的專制政權擅長駕馭多邊機構，他們會聯手合作，不僅贏得商業貿易的夥伴，也進行軍事交易。

艾爾多安（Erdoğan）、普丁等人聲稱要實踐以「人民」權力為基礎的「民主」，但他們其實不喜歡監督式民主。他們真正熱衷的是權力，讓他們凌駕於他人之上，同時利用軍事手段進行冷酷的追緝和報仇，但也不完全盲目地魯莽行事。這些人通常對細節一絲不苟，他們懂得如何巧妙地干涉人民的生活，從旁觀察並發出針對性的威脅，逼迫擁有不同政見的人就範。因此，雖然專制主義政權通常由富人寡頭（poligarchs）掌控，有錢的政府和企業家斂下鉅額的財富，聚集在自己的大家族手中。但這些資本主義政權的統治者依然獲到許多公眾支持，這實在令人訝異。

英國、西班牙和美國等民主國家正因機會和財富的嚴重不平等而備受拖累、扭曲。即使在監督式民主國家，專制權力的其他元素也很活絡。在國家的支持下，亞馬遜和谷歌等大型數據公司營造新式「監視資本主義」（surveillance capitalism），為追求利潤和權力，這些企業正在殖民、操縱和重塑數百萬人的個人生活，這項舉動不但未經人民同意，也不受選舉結果影響。此外，巴西、印度、波蘭和墨西哥的民選政府竟成為專制主義的潛在推手，這和川普有關。雖然川普的任期只有短短四年，但在心懷不滿的公民以及企業捐款的滋養下，川普政府傳播不實訊息、破壞法治、伺機向敵人尋釁，「假新聞」讓專業顧問和調查報導的聲名掃地。他曾在選舉期間承諾履行義務，但當選後，在黑錢以及官商緊密勾結之下，他以虛構的「人民」之名，走向由少數人自上而下的統治。

因為種種理由，民主政體竟成了專制主義的溫床。除此之外，民主和專制國家被隱形的跨國權力鏈纏在一起，必須在交通基礎設施、銀行業務和軍火交易中進行合作。自一九四〇年代以來，我們認識的民主國家重視權力分享、施行憲政，但如今它們的原則和作為受到了外部政治對手的威脅。從匈牙利、哈薩克和土耳其的情況來看，權力分享的民主可能在不到十年的時間內轉向專制[31]。這些案例一再警告我們，因為類似於中國、俄羅斯、伊朗、沙烏地阿拉伯等地的治理方法，監督式民主正一點一滴地被扼殺，無聲無息。看到新專制政權，世界各地的民主人士應該醒來，正視現實：他們生活的時代中，民主正在遭遇危機。

二〇一六年，一幅諷刺漫畫在中國微博廣為流傳。警察問索食的狗：「所以你們想要民主？」裝備精良、強勢的中國政府帶來了和諧，與西方民主的虛假承諾、混亂、暴力形成了鮮明的對比。

◆為什麼我們這個世代依舊需要民主？

迷霧愈來愈濃，黑暗即將到來。此刻，我們必須提出一些基本問題：一九二〇和三〇年代，選舉式民主的支持者屈服於對手之下，並選擇合作，但為什麼今天的民主派不該容忍作為替代方案的專制主義、也不該放棄重視權力共享的監督式民主理想和制度？難道不該務實地接受普丁、艾爾多安等獨裁者的勸告，承認監督式民主這個「西方」亂象已經走到盡頭了？蘇聯解體之後，歐洲陷入停滯、阿拉伯世界亂糟糟、美國開始走下坡，好戰的俄羅斯以及雄心勃勃、自信滿滿的中國捲土而來，這一切都有利於發展自上而下的專制統治，而不是民主的發展，那麼為何要站在歷史錯誤的一邊？為何堅持民主這條老路？

為什麼不同地點、擁有不同利益的民族都應該堅守監督式民主的框架？為什麼他們必須支持更大、更全面的公共問責制，壓低有權有勢者，讓所有人在生活中享有平等的機會？民主是不是虛假的全球規範，以虛假的普世理想吸引世人注意、做出眼花繚亂的承諾，誘惑大家相信它是弱者對抗強者的武器，其實它不過是富人對窮人的賄賂、是對集體智慧的無知信仰、是人類戕害自然的幫凶、是（尼采認為的）二流店主向二流顧客兜售的做作小東西[32]？換句話說：開普敦和加拉卡斯對監督式民主的重視程度，真的像清奈、坎培拉、哥本哈根和重慶等地一樣嗎？

解決這些倫理問題時，我們不能只是再次搬出過去實踐民主的理由，這並不是好辦法。在民主史上，解釋民主為何是普世規範的論述中常常充斥著教條式、反民主、自相矛盾的奇怪說法（想不到吧！）。以選舉式民主時代的例子來說，美國出版商納胡姆・卡彭（Nahum Capen）寫了第一部完整的民主史，他以十九世紀基督教的觀點切入，以民主從《福音書》中汲取靈感和真理為由，證明民主是可取的，但對穆斯林、印度教徒、儒教國家來說可不是什麼好消息[33]。早期擁護國家主權的人堅信，每個民族都有權自治，而且歷史總會站在爭取國家自決的人這一邊，但實際上這個論點背後的真相通常很殘忍，例如在強勢的民族國家中注定淪為弱者的愛爾蘭天主教徒。此外，無國籍的巴勒斯坦人和庫德人，以及被認為不適合建國的羅姆人（Romany）、薩米人（Sámi）、因紐特人等原住民也面臨一樣的情況。一八二〇年，蘇格蘭傳教士兼公僕詹姆斯．穆勒（James Mill）曾為一套百科全書撰寫了《政府》（*Government*），這本小冊的影響力不小。根據穆勒的觀點，代議民主是捍衛私有財產和個人主義的制度，也是保障功利主義的制度：「如果政府的目標是為多數人帶來最大的幸福，那麼讓大多數人淪為奴隸就無法達成這個目標。[34]」

從哲學的角度來看，這些舊的理由不僅相互矛盾，還不知變通。提出這些理由的人認為，辯護的首要原則是排除時間因素，因此放諸四海皆準，所有民主人士和反對者都要向民主低頭。這種哲學上的自負心態與民主的自我反省和平等精神相互矛盾。關於上帝、國家、歷史和私有財產的談論不只是教條式的、形而上的，也是傲慢武斷的，這個特性與監督式民主的整體理念相互矛盾，因為監督式民主捍衛了開放、多樣、不受權貴專橫支配的生活方式。

有人試圖從施行民主的實際成果來證明民主的正當性，但這同樣沒有說服力。民主並不是一直推動和平，例如雅典帝國、當今的以色列和美國。此外，民主也不是市場財富、持續或可持續「經濟增長」的普世先決條件，看看中國、越南或是環保人士的看法吧。美國政治思想家羅伯特．道爾（Robert Dahl）等人認為，比起其他替代方案，民主更能促進「人類發展」，但該如何適切定義「人類」和「發展」這兩個術語？更何況，這個意見還忽略了非人類因素的作用。

因此，有人開始尋找新的理由來支持民主，這些理由建立在更嚴密、更謙遜的思維方式，而非一味說什麼「民主可以讓世人決定自己想要的生活，所以民主是好的」這種陳腔濫調，或者是「沒什麼是真的，該來的就會來」，這種相對主義（relativism）的態度為反對民主的人撐腰，讓他們說出「民主只是胡說八道」這樣的話。

我們能否擺脫教條主義和相對主義的雙重陷阱呢？可以的。**民主是多元化的守護者，保衛不同的生活方式，不受傲慢、粗暴的掠奪性權力所支配，因此我們可以重新用橫向思考的方式想像民主，將其定調為我們的普世理想。**

如果將民主視為多元性的守護者以及公眾問責權的擁護者，那麼民主倫理就顯得更加宏大，能全面地容忍民主大不相同又相互衝突的定義，也能尊重人類脆弱的複雜性和自然世界。相比之下，從前的哲學理由苦苦尋覓著永恆的第一，民主倫理雖然與哲學探索分道揚鑣，但也不代表民主的思考從此變得務實[35]。現在，監督式民主屢遭質疑，評估優點時更需要多多思考和反省。

當然，在奈及利亞、印尼、智利、巴西等國家，無論是鄉村和城市，大家通常不會將「民主」當作哲學問題。人民重視民主的原因並不深奧，而是因為廉潔的民選政府提供了乾淨的自來水、電力、疫苗，以及一定水準的學校和醫院。在其他地方，「民主」也確實是常識信念的準則（code of commonsense belief）。美國前總統巴拉克．歐巴馬（Barack Obama）曾說：「民主並不是永遠都那麼愉快。我知道的，因為我一直生活在民主制度裡。但正因如此，一代又一代的我們正在一點一滴地進步當中。[36]」監督式民主從贊同的情緒和感受中汲取力量，然而單憑這些還不夠，因為世事難以應付，時代也不平靜。拿出一套令人信服的民主論述非常重要，因為這樣才能在所有情況下對公眾輿論和權力動態發揮顯著的影響，說服世人堅守對民主的承諾，或者讓他們對民主產生正向的態度，以不同的觀點看待和感受事物，最重要的是讓他們知道自己要控制任何會增添痛苦、傷害、悲傷和屈辱的權力形式。

權力濫用的問題應該成為思考民主的重心，這能幫助我們理解民主為何不可或缺。如果我們認定民主的目標是控制不受約束的權力，那就必須放棄以前民主與傲慢的聯繫。法國學者讓－呂克・南希（Jean-Luc Nancy）寫道：「民主無法定形。」[37] 民主就像水一樣，沒有固定的形式或實質。正如前文所述，民主不僅隨時間和空間變化，而且瞧不起僵死的生活方式，也不能容忍自上而下、自詡為「正常」或「自然」的權力形式，這份「瞧不起」和「不容忍」心態令人信服。民主具有龐克的特質，是無政府主義，永遠不滿於現狀。民主的精神和制度造成了世人始料未及的開端。民主始終和掠奪性權力下的受害者站在同一邊，同時質疑正統觀念、打破固定界限、拓寬視野、走向未知。

民主不斷變化，保護人類及自然世界，讓他們免於無限權力的破壞和傷害。這點揭示了民主的關鍵潛力：堅持生活永遠不該僵化定形，無論是人類的還是非人類的事物，都是建立在時空的流沙上。在任何時空背景下，個人或團體就算擁有再大的權力，都不該永久獲得信任並支配他人生活。回顧第一次集會的年代，民主可說是杜絕戕害的辦法，是一種預警系統，當公民和組織網路開始懷疑他人即將對自己造成傷害或是災難臨頭時，便可發出警報。尼采有一句著名的牢騷：「民主等於不相信精英和強人的統治。」確實如此，而且理由很充分。民主讓大家務實地看待事物，是對於無限制權力的現實查核（reality check），確保組織的領導人物不要異想天開，有效阻止領導人物不要誤入歧途，以花言巧語、謊言、廢話和沉默來掩飾行使權力時的過失。

若以這種方式思考，民主的預警原則可帶來全球性的益處。民主不再是重談和平、經濟增長或尊重人性的單調迷思，也不是大學研討會上「公民透過理性協商、共創和諧」的幻想。民主要求世人放棄教條式的第一原則，不管是真理、幸福、人權、國家、市場還是主權人民都一樣。民主也不願一味沉溺於陳腐的貶低，一九二七年，巴爾的摩作家孟肯（H. L. Mencken）在《民主筆記》（*Notes on Democracy*）中直指民主是「狂歡式的治理，幾乎已達性高潮」，將民主批判成「低等人的原始慾望和情感」。今天，有人批評民主代表著自由主義的優柔寡斷和混亂，或代表著西方人的傲慢，然而民主敦促他們重新思考權力不受控制時的危險。民主的預警原則從根本上懷疑任意行使的權力，支持弱者對抗強者、智者對抗愚者，這個原則同樣適用於日常生活、大企業、地方政府、國家政府和國際組織縱橫交錯的世界。**無論專橫權力在哪裡扎根，民主始終全神貫注地監視著，同時警告世人，如果集體產生錯**

覺、故意忽視不受約束的權力，將會帶來災難。因此，民主的預警原則同樣適合檢視：中國「一帶一路」設計不良且運行不善的計畫、價值數十億美元的加拿大焦油砂開採計畫、可能導致巴西森林消失的企業計畫、軍隊的「現代化」祕密項目，或是倫敦、阿姆斯特丹、上海和紐約等地銀行業的高風險投資。

民主浸潤在流動可變的強烈現實感之中，以公正的精神捍衛開放性，讓大眾對無比自信地行使權力的人心生疑惑。因為民主認定，人類既有能力做出最好的事，也有可能做出最壞的事，沒什麼好驚訝的。出於這個原因，民主反對各種形式的狂妄自大，也認為權力集中是盲目的、危險的，同時主張人類不應被賦予不受限制的統治權，不應任意支配他人或生物。民主更顛覆了昔日「民主就像一艘滿載愚人的船或是猴子嬉鬧的馬戲團」這句抱怨。民主反對愚昧、作假和無聲的傲慢，且不涉及霸道、欺凌和暴力。因為民主具有預警作用，能適應困境並對付難題，又能警告公民及公民代表注意後果以及未知的危險。**民主認真看待這個時代的災難，同時關注未來可能的災難。**

如果從預防原則的角度重新構想，監督式民主可說是民主史上對權力最敏感的自我治理形式。無論在何處運作、以何種方式運作，監督式民主迄今為止都是防範

「對確定性之幻覺」（illusions of certainty）以及打破不受問責約束之權力壟斷的最佳武器[38]。從哲學的角度來看，這種觀點不代表民主就是真實、正確的黃金標準。相反地，監督式民主的倫理正是打破道德傲慢的先決條件。民主倫理意識到自己和其他倫理的局限性，也意識到民主並非「自然而然」，同時了解民主沒有元歷史（meta-historical）。民主倫理不會縱容自大的傻子，也不願坐視世人蒙受屈辱、喪失尊嚴，更不苟同高高在上的權力。

如果有人說某位國王和王后多好、某位獨裁者多麼慈善，某位暴君如何睿智過人，民主都會抱持懷疑的態度。在我們這個時代，數百萬人感覺自己無法掌握政策形成的過程，但民主會質疑傲慢的人，並和無權無勢之人站在同一邊，反對權力濫用。民主十分清楚，當社會和政治多元化的辯護發展到某個程度，最終可能破壞了原來有助於實現多元化的條件，它也知道，無權的人可能反對權力分享。民粹主義證明民主確實會被叛變者破壞弄沉。然而，控制權力的機制帶來了實質幫助，民主依然認為世界可以變得更注重福祉、更開放、更多樣，而且更平等。民主擁護這些理想，不是因為男女「天生」平等，也不是因為人們受到上帝、神祇、「現代化」或歷史的加持。相反，民主向世人表明，沒有人完美到能在不受問責的情況下統治同胞和脆弱的土地和海洋。
這難道不是普世價值的智慧嗎？

注釋

前言

1. 林語堂，《吾國與吾民》，William Heinemann, London and Toronto, 1948（1936 年初版）, p. 198.

Part I 集會式民主

1. 此文本的翻譯可參考 W.G. Lambert, *Babylonian Wisdom Literature*, Oxford, London, 1960, pp. 112–15.
2. 參見 Francis Joannès, '*Haradum et le pays de Suhum*', *Archéologie* 205, September 1985, p. 58。「全鎮的人聚集起來 討論哈巴桑在市長任內令全鎮繳納的銀子。眾人告訴哈巴桑：『你要我們付的銀子，至今還有很多藏在你家，我們自願送你的綿羊也是。』」
3. 這類共和國（gana dhina）的集會似乎由武士貴族階級（剎帝利）主導，但也包括祭司階級（婆羅門）和商人階級（吠舍），但不包括勞動階級（首陀羅）。請參閱 Jonathan Mark Kenoyer, 'Early City-States in South Asia: Comparing the Harappan Phase and Early Historic Period', in Deborah L. Nichols and Thomas H. Charlton (eds), *The Archaeology of City-States: Cross-Cultural Approaches*, Smithsonian Institution Press, Washington and London, 1997, pp. 51–70; Ananat S. Altekar, State and Government in Ancient India, Motilal Banarsidass, Delhi, 1958; Jagdish Sharma, *Republics in Ancient India: c. 1500 BC–500 BC*, E.J. Brill, Leiden, 1968; and Romila Thapar, 'States and Cities of the Indo-Gangetic Plain c. 600–300 BC', in *Early India: From the Origins to AD 1300*, University of California Press, Berkeley and Los Angeles, 2002, pp. 137–73.
4. 關於溫－阿蒙的譯文摘自 James Henry Breasted, *Ancient Records of Egypt: Historical Documents from the Earliest Times to the Persian Conquest*, University of Chicago Press, Chicago, 1906, volume 4, §§ 557 ff.
5. Aristotle, *Politics*, 1304a 31–3; ibid. 1303a 22–4 and 1311a 39.
6. Plato, *Republic*, 557 BCE and 492 BCE.
7. 這部尖刻的諷刺作品於西元前四二四年首演。劇中，年輕貴族和騎士組成的合唱隊支持香腸小販阿果拉克利圖斯（Agoracritus），他為了控制人民，試圖戰勝負責監督他的奴隸帕拉戈尼安（Paphlagonian）。這兩個粗暴的競爭對手為了爭奪對戴模斯的控制權，時而出言奉承，時而贈送希臘禮物。為了進一步掌握戴模斯，兩人稱讚他是暴君與世界唯一的統治者，並拿出各種東西來誘惑他，包括剛捕獲的兔子、廉價的魚，還有放在普尼克斯石座上的軟墊。戴模斯似乎很喜歡這一切。在劇中，作者將他描繪成一個自命非凡的無賴，他堅信自己確切了解現在發生的事情，令他顯得更加愚蠢。
8. Jean-Jacques Rousseau, *Du contrat social ou principes du droit politique*, Larousse, Paris, 1973 (first published 1762), book 3, chapter 15, p. 168.
9. Plato, *Statesman* 291 D 1–29 A 4.
10. Thucydides, *History of the Peloponnesian War*, 2.37–45; 參見 Kurt A. Raaflaub, 'Democracy, Power, Imperialism' in J. Peter Euben et al. (eds), *Athenian Political Thought and the Reconstruction of American Democracy*, Cornell University Press, Ithaca and London, 1994, pp. 103–46.

Part II 選舉式民主

1. 本段文字出自托馬斯・傑佛遜一八一六年八月二十六日寫給以撒克・H・第法尼（Isaac H. Tiffany）的信件，參見：The Thomas Jefferson Papers at the Library of Congress, http://hdl.loc.gov/loc. mss/mtj.mtjbib022558.
2. David Runciman, 'The Paradox of Political Representation', *The Journal of Political Philosophy*, volume 15, no. 1, 2007, pp. 111–12.
3. Baron de Montesquieu, *The Spirit of the Laws*, Hafner Press, New York and London, 1949 (first published 1748), book 2, chapter 2 ('Of the Republican Government, and the Laws in Relation to Democracy'), p. 9.
4. René-Louis de Voyer d'Argenson, *Considérations sur le gouvernement ancien et présent de la France*, Chez Marc Michel Rey, Amsterdam, 1764, p. 8.
5. James Madison, 'The Utility of the Union as a Safeguard Against Domestic Faction and Insurrection (Continued)', *Daily Advertiser*, 22 November 1787.「民主與共和有兩個很大的區別。第一，共和政府的代議者是多數公民選出來的小部分公民。第二，共和可以擴及到更多的公民、和廣大的國土。」
6. Alexander Hamilton to Gouverneur Morris, 19 May 1777, in Harold C. Syrett and Jacob E. Cooke (eds.), *The Papers of Alexander Hamilton*, Columbia University Press, New York, 1961, volume 1, pp. 254–56.
7. 摘自以下的演講：James Wilson to the Federal Convention, 6 June 1787, in Max Farrand (ed.), *The Records of the Federal Convention of 1787*, Yale University Press, New Haven and London, 1937, volume 1, chapter 13, document 18, pp. 132–33.
8. Henry Brougham, *Political Philosophy*, H.G. Bohn, London, 1849, part 3, chapter 6, p. 33.
9. Thomas Jefferson, 'Thomas Jefferson to Benjamin Rush [17 August 1811]', in William B. Parker and Jonas Viles (ed.), *Letters and Addresses of Thomas Jefferson*, Unit Book Publishing, New York, 1905, p. 204.
10. Thomas Paine, *Rights of Man*, J.S. Jordan, London, 1971, part 1, pp. 272–74.
11. 同上。
12. A.F. Pollard, *The Evolution of Parliament*, Longmans, Green & Company, London and New York, 1920, p. 3。此外，相似的論點可見 Alan F. Hattersley, *A Short History of Democracy*, Cambridge University Press, Cambridge, 1930, pp. 78–79.
13. Friedrich Nietzsche, *Beyond Good and Evil: Prelude to a Philosophy of the Future* (trans. W. Kaufmann), Vintage, New York, 1966, p. 202.
14. Alexander Henderson, *The Bishops' Doom: A Sermon Preached before the General Assembly Which Sat at Glasgow Anno. 1638, On Occasion of Pronouncing the Sentence of the Greater Excommunication against Eight of the Bishops, and Deposing or Suspending the Other Six*, John Gray and Gavin Alston, Edinburgh, 1792, pp. 17–18.
15. Walter Thomas Mills, *Democracy or Despotism*, University of California, Berkeley, 1916, p. 61.
16. Francisco I. Madero, *La sucesión presidencial en 1910: El Partido Nacional Democrático*, Colección Reforma-Revolución, Mexico, 1908, pp. 179–85, 230–41.
17. Gyula (Julius) Schvarcz, *Die Demokratie von Athen*, E. Avenarius, Leipzig, 1901, volume 1, pp. 29–69.
18. 該段文字被引用於 Terry Golway, *Machine Made: Tammany Hall and the Creation of Modern American Politics*, Liveright, New York, 2014, p. 106.

19. Alexander Keyssar, *The Right to Vote: The Contested History of Democracy in the United States*, Basic Books, New York, 2001, p. 98.
20. Paul Groussac 的談話請見 Del Plata al Niágara, Administracion de la Biblioteca, Buenos Aires, 1897); 玻利瓦的心聲請見 Enrique Krauze, Redeeemers: Ideas and Power in Latin America, New York, 2011, p. 342.
21. 保守黨的《建黨宣言》請參見 Ludolf Parisius, *Deutschlands politische Parteien und das Ministerium Bismarcks*, J. Guttentag, Berlin, 1878, pp. 219–20. Henry Sumner Maine, Popular Government, John Murray, London, 1886, pp. 45–46。本書作者說：「民主就像一群叛變的船員，享用船上的食物，大口塞肉、大口喝酒，卻不肯把船駛至港口。」
22. 本段文字引自 A letter to Captain Mercer, 26 February 1790, in *Correspondence of the Right Honourable Edmund Burke: Between the Year 1744, and the Period of his Decease, in 1797*, F. & J. Rivington, London, 1844, p. 147.
23. Catherine Cleverdon, *The Woman Suffrage Movement in Canada*, Toronto University Press, Toronto, 1950, p. 215.
24. François Guizot, *Histoire des origines du gouvernement représentatif*, 1821–1822, 1822, Didier, Paris, translated as *The History of the Origins of Representative Government in Europe*, Henry G. Bohn, London, 1861, part 1, lecture 1, p. 12.
25. Charles F. Adams (ed.), *The Works of John Adams*, Little, Brown & Co., Boston, 1856, volume 6, p. 469.
26. Benjamin Franklin, 'Madison Debates', 26 July 1787, retrieved from Lillian Goldman Law Library, Yale Law School, https://avalon.law.yale.edu/18th_ century/debates_726.asp.
27. James Fenimore Cooper, *The American Democrat: Or, Hints on the Social and Civic Relations of the United States of America*, C.K. McHary, Cooperstown, 1838, pp. 122–23.
28. 「民主凱撒主義」一詞首見於委內瑞拉外交官、前海關人員、學者、記者、出版商兼國家檔案館館長 Laureano Vallenilla Lanz 所撰作品：*Cesarismo democrático. Estudios sobre las bases sociológicas de la constitución efectiva de Venezuela*, Empresa El Cojo, Caracas, 1919. 這部作品值得人們注意，但尚未翻譯成外語。
29. 與羅薩斯的訪談錄參見 Vicente G. and Ernesto Quesada (Southampton 1873), in Arturo Enrique Sampay, *Las ideas políticas de Juan Manuel de Rosas*, Icon Juárez, Buenos Aires, 1972, pp. 215, 218–19。有關巴勒摩演說的描述，參見 The correspondence of Enrique Lafuente to Félix Frías, 18 April 1839, in Gregorio F. Rodríguez (ed.), *Contribución histórica y documental*, Casa Jacobo Peuser, Buenos Aires, 1921–22, volume 2, pp. 468–69.
30. John Stuart Mill, 'Thoughts on Parliamentary Reform' (1859), in J.M. Robson (ed.), *The Collected Works of John Stuart Mill, Volume XIX: Essays on Politics and Society*, University of Toronto Press, Toronto, 1977, pp. 322–25.
31. Alexis de Tocqueville, *Democracy in America* (ed. J.P. Mayer), Doubleday, Garden City, 1969, volume 1, p. 12.
32. Alexander Keyssar, *The Right to Vote: The Contested History of Democracy in the United States*, Basic Books, New York, 2000.
33. 二戰開始後的一年，倖存的選舉式民主國家只有澳大利亞、加拿大、智利、哥斯達黎加、紐西蘭、瑞典、瑞士、英國、美國和烏拉圭。芬蘭採用了高度安全制度下的選舉人團來進行總統選舉，因為處於戰爭時期，或許芬蘭也可列入上述名單。
34. 這些引文出自 'Duce (1922–42)', *TIME*, 2 August 1943; Emil Ludwig, *Talks with Mussolini* (trans. Eden and Cedar Paul), Allen & Unwin, London, 1932; Stephen J. Lee, *Aspects of European History, 1789–1980*, Taylor & Francis, London, 1988, p. 191; and Christopher Hibbert, *Benito Mussolini: The Rise and Fall of Il Duce*, Penguin Books, Harmondsworth,

1965, p. 40.
35. José Batlle y Ordóñez, '*Instrucción Para Todos*', *El Día*, 4 December 1914.
36. Thorstein Veblen, *The Vested Interests and the Common Man*, B.W. Huebsch, New York, 1946 (first published 1919), p. 125.
37. Max Scheler, *Trois essais sur l'esprit du capitalisme. Sauvés par le travail?*, Éditions Nouvelles Cécile Defaut, Nantes, 2016.
38. Harold J. Laski, *Democracy at the Cross-Roads*, National Council of Labour, London, 1934.
39. Barrington Moore, Jr., *Social Origins of Dictatorship and Democracy*, Beacon Press, Boston, 1966, p. 418.
40. Jürgen Kocka, *Capitalism Is Not Democratic and Democracy Not Capitalistic*, Firenze University Press, Firenze, 2015, p. 24.
41. 引文出處 F.C. Egerton, *Salazar, Rebuilder of Portugal*, Hodder & Stoughton, London, 1943, pp. 224–27.
42. Walter Lippmann, *The Phantom Public, Routledge*, New Brunswick and London, 1993 (first published 1925), pp. 15, 28; Edward Bernays, *Propaganda*, H. Liveright, New York, 1928, pp. 9–10.

Part III 監督式民主

1. 這些不同的詮釋包括：Francis Fukuyama, *The End of History and the Last Man*, Free Press, New York, 1992; Wolfgang Streeck, *How Will Capitalism End? Essays on a Failing System*, Bloomsbury, London, 2017; David Stasavage, *The Decline and Rise of Democracy: A Global History from Antiquity to Today*, Princeton University Press, Princeton, 2020; and Nadia Urbinati and Arturo Zampaglione, *The Antiegalitarian Mutation: The Failure of Institutional Politics in Liberal Democracies*, Columbia University Press, New York, 2013.
2. Kader Asmal et al. (eds), *Nelson Mandela in His Own Words: From Freedom to the Future*, Little, Brown, London, 2003, p.62; 該段演講可在如下網址收聽：https://www.youtube.com/watch?v=-Qj4e_q7_z4
3. 一九六三年六月二十六日，甘迺迪在西柏林發表演講，完整音檔可以在 www.americanrhetoric.com/speeches/jfkichbineinberliner.html 上找到。
4. Sidney Verba, 'Problems of Democracy in the Developing Countries', Harvard–MIT Joint Seminar on Political Development, remarks, 6 October 1976; Samuel E. Finer, *The Man on Horseback: The Role of the Military in Politics*, Penguin, Harmondsworth, 1976, p. 223.
5. John Keane, 'Asia's Orphan: Democracy in Taiwan, 1895–2000', in *Power and Humility: The Future of Monitory Democracy*, Cambridge University Press: Cambridge and New York, 2018, pp. 61–74.
6. 引文出自 John Keane, *Violence and Democracy*, Cambridge University Press, Cambridge and New York, 2004, p. 1.
7. 有關布拉格事件的完整描述可參考 John Keane, *Václav Havel: A Political Tragedy in Six Acts*, Bloomsbury, London and New York, 1999.
8. 參見：Freedom House, 'Democracy's Century: A Survey of Global Political Change in the 20th Century', New York, 1999.
9. 參見：Francis Fukuyama, 'The End of History?', *The National Interest*, Summer 1989; and my interview with him, 'On the Road to Utopia?', *The Independent*, 19 June 1999.
10. 最經典的研究首推 Frederic Charles Schaffer, *Democracy in Translation: Understanding Politics in an Unfamiliar Culture*, Cornell University Press, Ithaca, 2000; 也可參考 Sheldon

Gellar, *Democracy in Senegal: Tocquevillian Analytics in Africa*, Palgrave Macmillan, New York, 2005, pp. 156–71.

11. Alan F. Hattersley, *A Short History of Democracy*, p. 237.
12. Debasish Roy Chowdhury and John Keane, 'Tryst with Democracy', in *To Kill A Democracy: India's Passage to Despotism*, Oxford University Press, Oxford and New York, 2021, pp. 3–37.
13. Friedrich von Hayek, *Law, Legislation and Liberty, Volume 3: The Political Order of a Free People*, University of Chicago Press, London and Henley, 1979：「我承認，如果民主意味多數人在意志不受限制的情況下實行統治，那我就不算支持民主主義，我甚至認為這樣的政府是有害的，而且從長遠來看是行不通的。」（p. 39）。Joseph Schumpeter, *Capitalism, Socialism, and Democracy*, Harper & Brothers, New York and London, 1942, p. 269.
14. John Keane, 'Hopes for Civil Society', *Global Perspectives*, volume 1, no. 1, August 2020, pp. 1–11.
15. Alexis de Tocqueville, *The Old Régime and the French Revolution* (trans. Stuart Gilbert), Garden City, 1955 (first published 1856), part 3, chapter 4, p. 177：「人們只要認為苦難似乎無法改善，便會耐心忍受。然而，一旦想到苦難似乎可能被消除，就會開始無法忍受。如果某些濫權行為已被糾正，那麼大家會因此開始關注其他濫權行為，那些行為也看起來更令人厭惡。人們可能承受著較少痛苦，卻變得更加敏感。」
16. 一九四一年三月十五日，富蘭克林・羅斯福總統對白宮記者協會（White House Correspondents' Association）發表的演講。
17. 有關一九四〇年代對於全球民主前途徹底的重新思考和詳盡討論請見 John Keane, *Power and Humility*.
18. C.S. Lewis, 'Equality' (1943), in Walter Hooper (ed.), *Present Concerns: Essays by C.S. Lewis, Harcourt Brace Jovanovich*, New York, 1986, p. 17, paragraph 1; 林語堂，《吾國與吾民》pp. 277–78.
19. J.B. Priestley, *Out of the People*, Collins, London, 1941, pp. 16–17, 111; Jacques Maritain, 'Christianity and Democracy', typewritten manuscript prepared as an address at the annual meeting of the American Political Science Association, New York, 29 December 1949; Joseph Schumpeter, *Capitalism, Socialism and Democracy*, p. 263.
20. Reinhold Niebuhr, *The Children of Light and the Children of Darkness: A Vindication of Democracy and a Critique of its Traditional Defenders*, Nisbet, London, 1945, p. vi.
21. Hannah Arendt, 'Nightmare and Flight' (1945), in *Essays in Understanding 1930–1954*, Harcourt Brace & Company, New York, 1994, p. 134; Carl J. Friedrich, *Constitutional Government and Democracy*, Little, Brown, Boston, 1941, p. 34; and Thomas Mann, *The Coming Victory of Democracy*, Yale University Press, London, 1943, p. 22.
22. John Keane, *Democracy and Media Decadence*, Cambridge University Press, Cambridge and New York, 2013; 也請見 Ronald J. Deibert, *Reset: Reclaiming the Internet for Civil Society*, House of Anansi, Toronto, 2020.
23. Bruno Latour, 'From Realpolitik to Dingpolitik or How to Make Things Public', in Bruno Latour and Peter Weibel (eds), *Making Things Public: Atmospheres of Democracy*, MIT Press, Cambridge, 2005, pp. 14–41; Bruno Latour, *We Have Never Been Modern*, Cambridge, 1993; and 'The Parliament of Things', https://theparliamentofthings.org/
24. Pierre Rosanvallon, *Good Government: Democracy Beyond Elections* (trans. Malcolm DeBevoise), Harvard University Press, Cambridge, 2018, pp. 2–19。這個解釋頗有見地，但也有缺失，例如過渡時期的描述不夠精確，僅以「過去兩個世紀」、「大約三十年」

帶過，且過度依賴法國的案例。書中提議的民主改革強調擁有強大「警戒和監督機制」和「問責制」的「永久民主」，但這似乎很像一九四〇年代誕生的監督式民主。

25. Richard Wike, Laura Silver and Alexandra Castillo, 'Many Across the Globe Are Dissatisfied with How Democracy Is Working', Pew Research Center, Washington, DC, 29 April 2019; Economist Intelligence Unit, 'Democracy Index 2018', London, 2018; 'Democracy for All?', *The V-Dem Annual Democracy Report 2018*, V-Dem, Gothenburg, 2018; Freedom House, 'Freedom in the World 2018', Washington, DC, 2018; and R.S. Foa et al., 'Youth and Satisfaction with Democracy: Reversing the Democratic Disconnect?', Bennett Institute for Public Policy, Cambridge, October 2020.
26. 有關各種調查結果的分析，請參考 Debasish Roy Chowdhury and John Keane, *To Kill A Democracy*.
27. Ruchir Sharma, 'The Billionaire Boom', *Financial Times*, 15–16 May 2021; Thorstein Veblen, *The Vested Interests and the Common Man*, p. 125.
28. Sheldon Wolin, *Democracy Incorporated: Managed Democracy and the Spectre of Inverted Totalitarianism*, Princeton University Press, Princeton and Oxford, 2008, pp. 286–87.
29. Simon Reid-Henry, *Empire of Democracy: The Remaking of the West Since the Cold War*, 1971–2017, Simon & Schuster, New York and London, 2019, part 1.
30. 蘇長和（2016 年 5 月 28 日）。需將西方民主從普世知識降級為地方理論。《光明日報》。http://news.sina.com.cn/c/2013-05-28/092127244512. shtml。康榮（2018 年 2 月 11 日）。Democracy: A Western Tool for Domination。《環球時報》。劉慈欣的意見被引述於 'The War of the Worlds', *The New Yorker*, 24 June 2019, p. 34。人類被隔離的情節請見劉慈欣（2016）'Post-Deterrence Era, Year 2 Australia', *Death's End*, Tor, New York, 2016.
31. John Keane, *The New Despotism*, Harvard University Press, Cambridge and London, 2020.
32. Friedrich Nietzsche, *Twilight of the Idols* (trans. M. Hollingdale), London 1990, pp. ix, 38. 34.
33. Nahum Capen, *The History of Democracy: or, Political Progress, Historically Illustrated, From the Earliest to the Latest Periods*, American Publishing Company, Hartford, 1874, p. v.「民主史就是一部原則史，與人和社會的本質息息相關。所有的原則都以上帝為中心。……在基督教的崇高真理中，我們可以找到人類行為和努力的最高標準。」
34. James Mill, 'Government' (1820), reprinted as *An Essay on Government*, Cambridge University Press, Cambridge, 1937.
35. Richard Rorty, 'The Priority of Democracy to Philosophy', in Richard Rorty, *Volume I: Objectivity, Relativism, and Truth*, Philosophical Papers, Cambridge University Press, 1991, pp. 257–82; 我在著作 *The Life and Death of Democracy* 中回應了這種思考方式，尤其詳見 pp. 839–72.
36. 二〇一六年五月十五日，巴拉克・歐巴馬在羅格斯大學（Rutgers University）第二百五十屆畢業典禮上發表的演講。
37. Jean-Luc Nancy, *The Truth of Democracy*, Fordham University Press, New York, 2010, p. 27.
38. John Keane, 'Silence, Early Warnings and Catastrophes', in *Power and Humility*, pp. 207–22. Daniel Kahneman, *Thinking, Fast and Slow*, Penguin Books, London and New York, 2011, p. 418.

圖片來源

p. 2: Dreros law, photograph courtesy of the author; William Blake after Peter Paul Rubens, 'Democritus' , 1789, public domain; Nicene Creed, FLHC 39 / Alamy
p. 3: René Louis de Voyer, Alamy; secret ballot, lp studio / Shutterstock; carnation, Oksana2010 / Shutterstock; equality knuckles, Khabarushka / Shutterstock
p. 13: Amanda Phingbodhipakkiya for MoveOn, 2020
p. 17: Keystone Press / Alamy
p. 19: Al' aa Salah, Sudan, April 2019, AFP via Getty Images
p. 20: Cesare Ripa, Iconologie, trans. Jean Baudoin, Aux amateurs de livres, Paris, 1643
p. 30: Unknown author via Oriential Institute Museum, Chicago
p. 32: Unknown author via mesopotamiangods.com
p. 34: 'Advice to a Prince' , Neo-Assyrian, c. 650BC, excavated by George Smith, Kouyunjik, Iraq. © The Trustees of the British Museum
p. 39: Pushkin State Museum of Fine Arts, Moscow via Wikimedia Commons
p. 42: Photograph courtesy of the author
p. 48: Leo Von Klenze, 'Ideal view of the Acropolis and Areopagus in Athens' , 1846, © bpk image agency
p. 53: Ephorate of Antiquities of Athens City, Ancient Agora, ASCSA: Agora Excavations. © Hellenic Ministry of Culture and Sports/Hellenic Organization of Cultural Resources Development. Photographer: Craig Mauzy
p. 57: Rudolf Muller, 'View of the Acropolis from the Pnyx' , 1863. © Benaki Museum, Athens
p. 60: Stephan Vanfleteren
p. 62: Ephorate of Antiquities of Athens City, Ancient Agora, ASCSA: Agora Excavations. © Hellenic Ministry of Culture and Sports/Hellenic Organization of Cultural Resources Development
p. 65: Ephorate of Antiquities of Athens City, Ancient Agora, ASCSA: Agora Excavations. © Hellenic Ministry of Culture and Sports/Hellenic Organization of Cultural Resources Development
p. 68: Pictorial Press Ltd / Alamy
p. 70: Unknown author
p. 74: Philip von Foltz, 'The Funeral Oration of Pericles' , 1852. The Picture Art Collection / Alamy
p. 85: Glenn O Coleman, 'Election Night Bonfire' , 1928, Detroit Institute of Arts, USA © Detroit Institute of Arts/Founders Society, Purchase, Mrs. James Couzens, via Bridgeman Images
p. 87: Historical Images Archive/Alamy
p. 92: John Keyse Sherwin after William Hogarth, 'The Politician' , 1775, De Luan/Alamy
p. 100: Miguel Hermoso Cuesta via Wikimedia Commons
p. 103: Rosegarten Museum via Wikimedia Commons
p. 108: Unknown author via Wikimedia Commons
p. 112: Unknown author, first published in The Daily Mail, United Kingdom, 1909
p. 115: Aristotle, Politica: Le livre de politiques, translated by Nicholas Oresme, 14th century,

Royal Library of Belgium

p. 116: James Gillray, 'Charles James Fox, "A democrat; - or - reason and philosophy"' , published by Hannah Humphrey, 1793, © National Portrait Gallery, London

p. 123: William Rider-Rider, 1917, Canada. Dept. of National Defence, Library and Archives Canada

p. 130: José Clemente Orozco, 'Las Masas (The Masses)' , 1935 via Alamy

p. 138: Unknown author via Wikimedia Commons

p. 144: Foto News / Archivio Luce

p. 152: Unknown author via Asahi Shimbun

p. 158: Gideon Mendel/Getty Images

p. 161: Associated Press

p. 163: Unknown author via Kingsandqueensofportgual.tumblr

p. 167: Sueddeutsche Zeitung Photo/Alamy

p. 171: Godong/Alamy

p. 175: Unknown author

p. 188: © United Nations Photo

p. 194: Photo – Thomas Dorrington, courtesy of Extinction Rebellion Cambridge

p. 200: ITAR-TASS News Agency/Alamy

p. 206: Unknown author

地球觀 074

民主簡史
寫給我們這個世代的公民之書
The Shortest History of Democracy

作者　約翰．基恩 John Keane
譯者　翁尚均

野人文化股份有限公司
社長　張瑩瑩
總編輯　蔡麗真
副主編　徐子涵
責任編輯　陳瑞瑤
專業校對　魏秋綢
行銷經理　林麗紅
行銷企劃　蔡逸萱、李映柔
封面設計　萬勝安
內頁排版　洪素貞

讀書共和國出版集團
社長　郭重興
發行人兼出版總監　曾大福
業務平臺總經理　李雪麗
業務平臺副總經理　李復民
實體通路組　林詩富、陳志峰、郭文弘、王文賓、賴佩瑜
網路暨海外通路組　張鑫峰、林裴瑤、范光杰
特販通路組　陳綺瑩、郭文龍
電子商務組　黃詩芸、李冠穎、林雅卿、高崇哲、沈宗俊
專案企劃組　蔡孟庭、盤惟心
閱讀社群組　黃志堅、羅文浩、盧煒婷
版權部　黃知涵
印務部　江域平、黃禮賢、李孟儒

出　版　野人文化股份有限公司
發　行　遠足文化事業股份有限公司
地址：231 新北市新店區民權路 108-2 號 9 樓
電話：（02）2218-1417　傳真：（02）8667-1065
電子信箱：service@bookrep.com.tw
網址：www.bookrep.com.tw
郵撥帳號：19504465 遠足文化事業股份有限公司
客服專線：0800-221-029
法律顧問　華洋法律事務所　蘇文生律師
印　製　博客斯彩藝有限公司
初版首刷　2022 年 10 月

歡迎團體訂購，另有優惠，請洽業務部（02）22181417 分機 1124

國家圖書館出版品預行編目（CIP）資料

民主簡史 : 寫給我們這個世代的公民之書 / 約翰 . 基恩 (John Keane) 著 ; 翁尚均譯 . -- 初版 . -- 新北市 : 野人文化股份有限公司出版 : 遠足文化事業股份有限公司發行, 2022.10
面；　公分
譯自 : The shortest history of democracy : 4000 years of self-government-a retelling for our times

1.CST: 民主政治 2.CST: 歷史

571.6　　111011822

ISBN：978-986-384-764-9 (精裝)
ISBN：978-986-384-765-6 (PDF)
ISBN：978-986-384-766-3 (EPUB)

THE SHORTEST HISTORY OF DEMOCRACY
by JOHN KEANE

野人文化
官方網頁

野人文化
讀者回函

民主簡史

線上讀者回函專用 QR CODE，你的寶貴意見，將是我們進步的最大動力。